아름다운 백제 건축

장 경 호

 주류성

아름다운 백제 건축

저 자	:	장 경 호
저 작 권 자	:	(재) 백제문화개발연구원
발 행	:	도서출판 주류성
발 행 인	:	최 병 식
편 집 인	:	서 동 인
인 쇄 일	:	2004년 7월 20일
발 행 일	:	2004년 7월 30일
등 록 일	:	1992년 3월 19일 제 21-325호
주 소	:	서울특별시 서초구 서초동 1305-5 창람(蒼藍)빌딩

T E L	:	02-3481-1024(대표전화)
F A X	:	02-3482-0656
HOMEPAGE	:	www.juluesung.com / www.juluesung.co.kr
E - M A I L	:	juluesung@yahoo.co.kr

값 9,000원

잘못된 책은 교환해 드립니다.
ISBN 89-87096-39-4 93910

본 역사문고는 국사편찬위원회를 통한 국고보조금으로 진행되는
3개년 계획 출판사업입니다.

▲ 전북 익산시의 미륵사터 서탑

▲ 풍납토성 2호 움집터.
주혈(柱穴)이 가장자리를 따라 늘어서 있다.

◀ 전북 익산의 미륵사터 전경

충남 부여군 부여읍의 부여객사 동헌(東軒)

부여 객사 동헌
전경

부여 객사 초석

전면에서 본 부여 객사 동헌

부여 정림사터 전경(前景)

▲ 부여 궁남지 전경

부여 정림사터 전경(全景)

▲ 정림사터 5층석탑

▲ 예산 수덕사 대웅전. 백제의 건축 양식이 수용되었다.

▼ 영주 부석사 무량수전

예산 수덕사 대웅전

중국의 대안탑

▲ 일본 나라(奈良)의
  법륭사(法隆寺) 5층
  석탑

일본 나라현의
법륭사(法隆寺) 금당 ▶

충남 보령시의 성주사터

금강사터에서 출토된 서까래기와

연꽃무늬수막새(부여 관북리 출토, 지름 13.2cm, 국립중앙박물관)

아
름
다
운

백
제

건
축

차 례

차 례

차   례

아름다운 백제 건축

시작하는 글

 우리나라의 건축은 중국이나 일본처럼 동아시아에서 발달된 가구식 [부재를 짜서 결구하는 식] 건축이 주류를 이루었다. 선사시대부터 움집을 세워 사용하는 사이, 자연스럽게 목가구식의 구조가 차츰 발전하게 되었으며 특히 도구가 발달하면서 그 기법은 치밀하고 정교해졌다. 우리나라의 건축이 대륙과 해양의 두 문화를 모두 받아들이기는 하였지만 이들을 우리 풍토에 맞게 활용함으로써 그 독특한 건축양상을 빚었으며, 특히 자연을 숭배하고 온화한 민족정신이 전통건축을 발전시키는데 큰 몫을 해왔다.

 우리의 민족은 예로부터 자연을 신격화하여 숭배하고 경외하며 살아왔다. 그러한 사실은 자연신 숭배로 잘 설명이 된다. 예를 들면 산에는 산신을, 바다에는 용신을 그리고 육지에는 성황신을 모시는데 이는 그러한 민족성을 표현하는 것이다. 따라서 건축을 하는 데도 자연을 파괴하지 않고 자연을 건축에 받아들여 조화를 이루는 건축을 해왔다. 이러한 특성은 전통건축에서 잘 나타나고 있다. 예를 들면 제주도의 한라산

사진 1. 제주도 민가와 한라산

과 바다 사이에 옴닥옴닥 세운 전통민가를 보면 한라산의 구배와 초가
의 지붕선이 일치되듯 조화를 이루며(사진 1) 또 바다와 돌과 담장이 자
연스레 잘도 어울린다. 이러한 조화는 다른 고을의 시골집에서도 흔히
볼 수 있었다. 그 뿐만 아니라 사찰이나 궁궐에서도 볼 수가 있어 가야
산을 배경으로 한 해인사의 전경이나, 북악산을 배산(背山)으로 하여
낙산과 인왕산을 좌청룡 우백호로 삼은 경복궁 그리고 앵봉의 갈라진
산자락 사이에 배치된 창덕궁과 창경궁 등 그 어디에서나 쉽게 찾아볼
수 있는 것이다. 산속의 절간을 보더라도 산을 많이 절개하지 않고 산
경사에 따라 건물을 배치하되 그 지대의 높낮이에 따라 위상을 부여하

여 그에 걸맞는 건축을 함으로써 건축 위계를 자연과 조화롭게 이용하였던 것이다. 이러한 점은 같은 계통의 목가구식을 발전시킨 중국이나 일본과도 다른, 독특한 것이다.

우리나라의 건축이 중국 대륙의 영향을 많이 받아 고구려의 목조건축은 한(漢)의 건축과 유사하고 신라의 건축이 당(唐)의 건축과 같다는 인식은 잘못된 것이다. 왜냐하면 고구려의 건축은 고분벽화에 그려진 기둥에 나타나 있듯이 배흘림을 독특한 방법으로 표현한 것을 보면 그 일부를 추정할 수 있으며, 우리의 눈높이에서 온몸으로 느낄 수 있는 새로운 기법을 개발하여 이를 백제와 신라 그리고 일본에까지 전파했기 때문이다. 또한 중국에서 도교적 사상으로부터 시작된 풍수지리와 오행사상의 응용도 수려한 지형을 이용함으로써 중국보다 우리나라에서 더욱 발전시킨 것으로 믿어진다.

우리나라의 목조건축이 삼국시대부터는 상당한 발전을 해 온 것으로 추정된다. 하지만 지금 실제로 남아있는 목조건축은 고려 말에 속한 것이 가장 오래된 것이므로 그것이 어느 정도였는지는 알 수가 없다. 이는 일본에서 7~8세기에 속하는 건물들이 아직도 많이 남아있는 것을 생각할 때 대단히 아쉬운 일이다.

그러나 우리는 여러 가지 방증 자료를 통하여 삼국시대의 목조건축이 서로 다른 특징을 보였다는 것을 포작의 짜임새 등에서 알 수가 있다. 특히 백제의 건축과 신라의 건축은 서로 상이한 부분이 많았는데, 그 예로 백제에서는 고구려와 같이 구들 유구가 흔히 발굴된 데 비해 신라에서는 이러한 유구가 별로 밝혀지지 않았다는 점을 들 수 있다.[1] 이는 『삼국사기(三國史記)』옥사조에 있는 바와 같이 신라에서는 '온돌' 보다는 '마루(床)'를 더 많이 이용했음을 믿게 해주는 대목이다.

백제의 기술을 전수받아 세웠다는 일본의 법륭사는 당의 영향을 받았다는 초제사와는 상당히 다른 표현을 보인다. 이러한 점으로 미루어 보면 백제는 확실히 건축적으로 특성이 있었음을 알 수 있다. 이러한 연구를 위하여 실제적인 응용과 복원을 위한 많은 방증자료와 추정이 필요한 것이다. 따라서 이 책에서는 그동안 알려진 백제유적의 직접적인 자료를 중심으로 하되, 이웃나라에 남아있는 방증자료도 함께 다루었다.

역사적 배경의 줄거리

백제의 건국설화에 의하면, 기원전 18년에 고구려의 시조인 주몽의 아들 비류(沸流)·온조(溫祚) 형제가 10명의 신하를 이끌고 마한땅으로 내려갔는데, 형인 비류는 미추홀(彌鄒忽 : 지금의 인천)에 자리잡고 동생 온조는 위례성(慰禮城 : 이 성의 위치에 대해서는 여러 설이 있으나 대체로 지금의 서울지역으로 추정함)에 백제국을 세웠다고 한다. 즉 진한과 마한 등 50여 개국 중 하나인 백제(伯濟)에서 이름을 취한 것으로 보이고, 고구려가 압록강 유역에서 세력을 키워나갈 무렵 또다른 갈래의 부여족 이주 집단이 시간적 차이를 두고 한강 유역에 내려와 자리잡으면서 서로 연합해 간 사실을 형제설화를 통해 꾸민 것으로 보기도 한다.[2] 「백제본기」의 비류·온조 이야기는 처음에는 앞선 주민인 미추홀의 비류 집단이 우세했으나, 뒤에는 서울의 온조 집단이 연맹체의 중심이 되어 비류 집단을 흡수했음을 반영한다. 백제의 첫 도읍지인 위례성은 지금 서울의 강동 지역과 북한산 지역의 두 곳이 있었는데 처음에는 강북에, 다음에는 강남에 그리고 4세기 후반에는 다시 강북으로 옮겼

다고 한다.[3]

백제는 처음에는 작은 국가였으나 미추홀에 자리잡고 있던 비류 세력을 비롯하여 마한의 여러 소국들을 정복하면서 연맹의 왕국으로 발전해 갔다. 백제는 한강 유역의 지리적인 이점을 이용하여 국력을 키워나가면서 기원후 1세기 중엽에는 마한을 공격하고, 3세기 중엽 고이왕(234~286) 때에는 서북지방의 낙랑세력과 동북에서 밀려오는 말갈족을 방어하면서 고대 국가로서의 기반을 확립하고 그에 적합한 국가체제를 정비해 갔다.

즉 고이왕 때에는 국가 체제를 정비하고, 이를 기반으로 4세기 후반 근초고왕(346~375) 때에는 대대적인 정복을 추진하기에 이르렀다. 우선 남쪽으로 마한의 나머지 땅을 병합하여 영토를 전라남도 남해안까지 확장하였고, 북으로는 고구려의 평양성까지 쳐들어가면서 결국 고국원왕을 전사케 하기도 하였다. 이리하여 백제는 경기·충청·전라 3도의 전부와 강원·황해 양도의 일부까지를 점유하는 큰 영토를 차지하게 되었고 서쪽으로 동진, 남쪽으로 왜와 무역활동을 전개하여 강력한 국제적 상업국가로 떠올랐다. 384년 침류왕 때에는 불교를 받아들여 새로운 관념 체계와 사원 건축의 새로운 장을 열게 되었다. 4세기 말에 이르러서는 고구려의 광개토대왕과 장수왕의 확장 세력에 대항하여 중국의 송 및 위의 남북조와 통하고 신라와 동맹을 맺었으나 475년에는 수도 한성이 함락됨에 따라 문주왕은 지금의 공주인 웅진으로 도읍을 옮기게 되었다. 또 538년 성왕대에는 도읍을 다시 옮겨 지금의 부여인 사비로 정하였다. 성왕은 한강 유역의 옛터를 회복하려고 신라의 진흥왕과 동맹을 맺고 북진하여 일시 한강 하류를 점하게 되었지만 진흥왕이 도리어 한강 하류의 백제의 영토를 점령하자 이에 격분한 성왕은 신라를 공격하다 전사하고 이로 인하여 이즈음 삼국이 각축을 벌이게 되었다. 7세기에 들어서면 백제는 고구려가 주력을 수·당과 전쟁을 하는데 기울이고 있는 틈을 타서 신라의 방어선을 낙동강선으로 후퇴시켰다. 그러나 궁지에 몰린 신라는 당의 지원을 얻어 백제를 협공하였고, 결국 백제는 660년에 나당 연합군에 의하여 멸망하게 되었다.

백제에 불교를 전한 동진(東晉)은 중국의 남방계 불교에 속하며 남방불교는 중국 강서성 남강부의 유명한 곳 여산 혜원(慧遠)의 영향으로 계율이 엄중하였고, 이 계율은 많은 사람들에게 존중을 받았다. 이와 같은 불교가 마라난타에 의해서 백제에 전해졌다.[4] 초기 불교는 기복적인 것이었으며 후에 국민정신을 통일하여 생활과 질서를 바로잡기 위한 도덕 내지 통치의 수단으로 불교를 수용했을 것이다. 기록에 의하면 미륵신앙은 최초로 공주지방에서 전하여졌고, 이곳을 중심으로 널리 삼국에 퍼져나간 것으로 추정된다. 당시의 미륵신앙은 미륵하생경(彌勒下生經)에 의한 것으로 미륵이 지상에 하생하여 용화수 밑에서 3회의 설법으로 중생을 모두 제도한다는 것이다. 백제와 신라는 이 미륵사상을 이용하여 통치를 꾀하였다고 본다.

백제는 고구려와 민족적인 배경이 같은 뿌리의 문화 특성을 갖고 발전한 나라여서 초기에는 문화 특성이 거의 유사하였다. 하지만 고구려보다 훨씬 남방에 위치한 백제는 5세기 말에서 7세기 초 사이에 황금기를 이루었다. 즉 북방의 고구려가 웅대하고 강력한 기상을 과시하는 예술문화를 남긴데 비하여 남방의 백제는 온화하고 유연한 느낌을 주는 아름다운 예술문화의 특징을 나타낸다. 백제는 건국 초에 북으로 낙랑 및 대방군에 접하여 그 문화의 영향을 받았을 것이며, 서쪽은 황해 맞은편에 있던 동진(東晋)·송(宋)·제(齊)·양(梁)·진(陳) 등의 영향을 받아들여 문화가 발달되었다. 백제의 문화는 부여에 도읍을 정하고 있을 때 전성기를 이루었으며, 이러한 문화를 신라와 일본에 전하여 동방문화의 선구적인 역할을 하였다. 특히 성왕 때에는 불교가 크게 진흥되어 일본에까지 불경·불구·불상 등을 보내어 불교를 전하였고, 이것이 백제의 건축 문화가 일본에 전해지는 계기가 되었다. 비록 백제의 옛터에 남아있는 유적이 적어서 전모를 밝히기 어려우나 신라나 일본에 전했다는 건축 문화를 참고하면 백제의 건축기술은 대단히 뛰어났음을 입증할 수 있다.

이러한 역사적 배경을 둔 백제가 건축사적으로 어떻게 발달되어 왔는지를 탐구하기 위하여 그동안 많은 노력들이 있었지만 실제 그 당대의 건축 유구로서 지상에 뚜렷이 남아있는 것은 정림사지 5층 석탑과 미륵사지 석탑 2구 뿐이다. 그 외에는 발굴조사를 통하여 지하에서 노출된 사찰터들이 대부분 부여에서 확인되고 있어 그나마 좋은 자료가 되고 있다. 이렇게 빈약한 자료를 갖고 백제 건축을 설명하기란 많은 어려움이 있다. 그러나 어느 문화든 그 뿌리가 이어져 후대에까지 맥을

잇는 것이 일반적이고, 또 이 문화가 전파된 흔적이 남아 있다면 그것으로 그 문화의 뿌리를 유추하여 밝혀볼 수 있다.

도성 축성의 요약

  도성(都城)이란 왕이 평상시 거주하며 정치하는 궁전과 관청 및 도시를 둘러싼 성을 가리키며, 이 성안에는 궁전과 사직·종묘를 비롯한 각종 관부의 중심이 있고, 그 주변 또는 전후에는 신분의 위계에 따라 거주지가 배치되어 수도를 이루는 것이다. 『주례』「고공기」에 의하면 '면조후시(面朝後市)'로 기술하여 궁성 앞에는 관청, 뒤로는 시가(市街)가 있는 것으로 표현하고 있지만, 도성을 그렇게 배치한 예는 많지 않다.

1. 줄거리

  도성은 예로부터 왕도를 수비하고 방어하기 위한 것으로, 대부분 요새를 포함하여 성을 쌓는 것이 일반화되어 있는 형태이다. 하지만 특히 삼국시대 도성의 입지는 다음과 같은 몇 가지 기준을 바탕으로 선택되었다.

  첫째, 적으로부터 방어하기 쉬운 지형을 찾아 자연적인 요새인 산이나 해자인 강을 끼고 발전되어 왔다.

둘째, 물과 평지가 있어 생활하기 편리한 터전을 잡았다.

셋째, 도시로서 기능을 갖는 넓은 영역과 교통이 편리한 요지를 택하였다.

넷째, 도성에 가까운 곳에, 전시(戰時)에 별도의 방어기능을 갖는 산성을 두었다.

이러한 입지의 선택은 고구려 집안의 국내성을 비롯하여 평양의 장안성 등이 그러했고, 백제 사비성 그리고 신라의 도성인 경주가 그러했다. 백제의 도성은 처음에는 위례성에 궁성을 두었고 몇 번에 걸쳐 웅진과 사비로 천도하게 되었다. 그런데 위례성의 위치에 대해서는 죽산이란 설과 서울 풍납토성이란 설, 몽촌토성 또는 이성산성이란 설 등여러 설이 분분할 뿐 어디를 가리키는지 확인이 되지 않았다.

근래의 조사에 따르면 백제 유적이 확인된 곳으로는 강북 지역에는 북한산성을 위시하여 옥수동·중곡동·뚝섬·면목동·아차산 등과, 강남 지역에는 경기고등학교 자리인 삼성동 그리고 경기도 광주군의 남한산성·하남시 미사리 등을 들 수 있고, 특히 몽촌토성을 위시하여 석촌동·가락동·방이동 지역의 고분 등은 잘 알려진 곳이다.

2. 기록상의 하남 위례성은 어디인가

1) 풍납토성(風納土城)

한강 상류에는 미사리를 비롯하여 많은 선사주거지가 집중되어 있다. 암사동 유적 이에도 그 하류측으로는 몽촌토성에서 가까운 석촌동이 있어 마치 한강이 젖줄인 듯 많은 고대유적들이 분포되어 있다. 이러한 것으로 미루어 보더라도 이 지역은 이미 한성백제시대 이전에 중요한 요충지였음을 충분히 암시해 준다. 풍납토성 또한 동북으로 강을 끼고 그 평면이 약간 일그러진 타원형을 하고 있으며,(그림 1) 강안(江岸)을

그림 1. 풍납토성 평면 및 시발굴 지역도 (2002년)

사진 2. 풍납토성 A지점 내벽 토루

제외한 나머지 세면은 광주 평야에 접하여 있던 성으로서 그 길이가 약 3.5㎞나 된다.

2003년 국립문화재연구소에서 발굴조사한 결과 서남쪽 즉 한강쪽으로 성벽에 붙어 해자의 유구가 확인되었는데, 이는 평양의 장안성과 같이 강물이 바로 석성 앞까지 접하여 별도의 해자를 두지 않는 형식보다는 판축 토성을 보호하고 방어를 꾀할 수 있는 별도의 지류를 이용해 만든 해자로 그 폭을 정확히 알 수 없다. 또한 이 유적에서는 1~2세기로 추정되는 유구와 유물들이 확인되었고, 판축기법과 얇은 목질층을 중간에 깔아 견고성을 꾀한 축성 기법은 대단히 발달된 건설 기법으로

이곳이 초기 백제의 궁성터임을 추측하게 한다.(사진 2)

근래에 들어 이 토성이 속속 조사되어 밝혀지면서 조사 담당자들은 이곳이 초기 백제의 궁성임을 의심치 않는다는 의견이 지배적이다.

2) 몽촌토성(夢村土城)

몽촌토성은 백제가 고대국가로서 터전을 마련한 한성시대(3세기~5세기)의 중요한 성의 하나로 추정되는 곳으로 일제강점기 때 고적조사를 통하여 처음으로 학계에 알려졌다. 이후 별다른 조사가 이루어지지 않다가 1980년대 들어와서 '88올림픽 체육시설건립지로서 이 일대가 확정됨에 따라 그동안 문화재관리국과 서울특별시가 유적공원으로 정화·복원키로 결정하여 본격적인 발굴조사가 이루어졌다.[5]

이에 1983년부터 1988년까지 서울대학교 박물관을 주축으로 하여 숭실대학교·한양대학교·단국대학교 박물관이 일부 합동으로 발굴조사를 실시하였다. 조사결과 백제 초기 토기를 비롯하여 고구려계 토기의 출토층으로 보아 백제에 의하여 초창 되었다가 후에 고구려에 의하여 점령되었음을 알 수 있었다. 그렇지만 세계올림픽을 개최한다는 큰 명제를 구실로 역사유적과 그 환경을 크게 훼손시킨 것은 역사적으로 큰 오점을 남긴 것이다.

몽촌토성은 전술한 풍납토성에서 남동쪽으로 불과 약 1~2km 정도 떨어져 있어 입지상으로도 전자와는 긴밀한 관계에 있었던 것으로 추정된다.(그림 2) 성곽의 둘레는 약 2.3km로 풍납토성보다는 작으며, 성곽

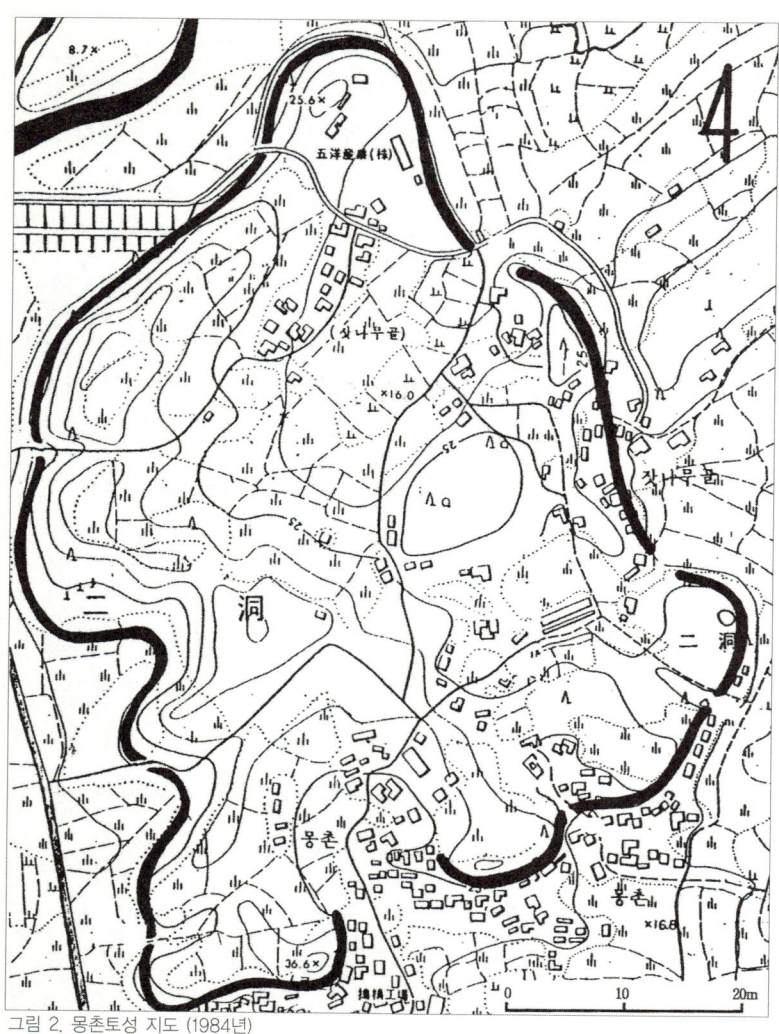

그림 2. 몽촌토성 지도 (1984년)

은 진흙으로 판축해서 쌓고, 목책과 해자를 돌린 것으로 밝혀졌다.

3) 이성산성(二聖山城)

이성산성은 몽촌토성에서 동북쪽으로 약 5km 떨어져 있으면서 『신단실기』에 기록되어 있어 하남 위례성으로 지목되기도 했던 산성이다. 1986년부터 한양대학교 박물관에서 본격적인 발굴조사가 실시되면서 그 성격이 차차 밝혀지고 있으나, 신라와 관련된 유물들이 다수를 차지할 뿐 아직 뚜렷한 백제 유물이 출토되지 않아 학자간의 이론이 분분하다. 그러나 건물터 중에는 공주 공산성·순천 검단산성 등지에서 보이는 다각형 평면을 한 건물터가 노출되어 백제적인 요소의 유구로도 추정해 볼 수 있다.

산성의 최고높이는 200m 정도이고 둘레는 약 1.7km이다. 유적의 서·북·동쪽으로는 한강을 끼고 높지 않은 평원이 펼쳐져 있어 전망이 좋고 요새를 이루고 있다. 특히 이성산성을 중심으로 주위에 몽촌토성과 풍납토성·암사동토성 그리고 남한산성·구산성 등이 사방으로 약 4~5km의 거리를 두고 있어 주위가 가장 중요한 요새였으리라는 발굴자의 언급이 주목된다.[6]

3. 공주 웅진성(熊津城 : 公山城)

웅진성은 백제가 5세기 말 웅진으로 도읍을 옮긴 후 축조했던 성곽이다. 『삼국사기』 성왕 4년(526년)조에 보면 '웅진성(熊津城)을 수리했다.'는 기사가 있는데 이것이 바로 공산성으로 추정된다.

또 위 문헌에 나타난 웅진시대의 성곽 기록을 보면 '대두산성(大豆山城)·우두성(牛頭城)·이산성(耳山城)·사정성(沙井城)·가림성(加林城)·장령성(長嶺城)·쌍현성(雙峴城)·고목성(高木城)과 탄현에 방책을 세웠다.' 등이 기록되어 있는 것을 보면 많은 성곽들이 축조 내지 수축되었음을 알 수 있다. 이들의 기록으로 보아서 그 위치가 확실한 것은 가림성과 탄현 뿐이며, 그 명칭으로 보아 거의가 산에 위치한 독립된 산성이란 것을 쉽게 알 수 있다.[7] 앞의 한성시대의 도성에서도 이성산성과 남한산성·아차산성 등 산성을 주위에 둔 것으로 미루어 보아 여기서도 그 주위 요소 요소에 거리를 두어 독립된 성곽을 축조함으로써 이들이 서로 유기적으로 관계를 갖고 연속적인 방어를 함으로써 도읍을 지키는 방식을 취하였다. 이러한 전통은 고구려에서 전래된 것으로 추정된다.

공산성은 공주의 북방, 금강의 남안에 위치하고 있는 공산에 축조되어 있는 성으로 행정구역으로 충청남도 공주시 금성동과 산성동 그리고 옥룡동의 일부를 포함하고 있다. 성의 총둘레는 약 2.6㎞가 약간 넘을 정도이며 성이 차지하는 면적은 약 6만평이다. 공산은 금강의 남쪽변, 즉 공주 시가의 강변 낮은 지대 북쪽으로 돌출한 산이다. 즉 표고 85m과 110m의 두 개의 산봉이 서북과 동남의 길이로 돌출되어 있으면서, 북의 금강쪽으로는 작은 지맥들이 급한 경사를 이루면서 전개되

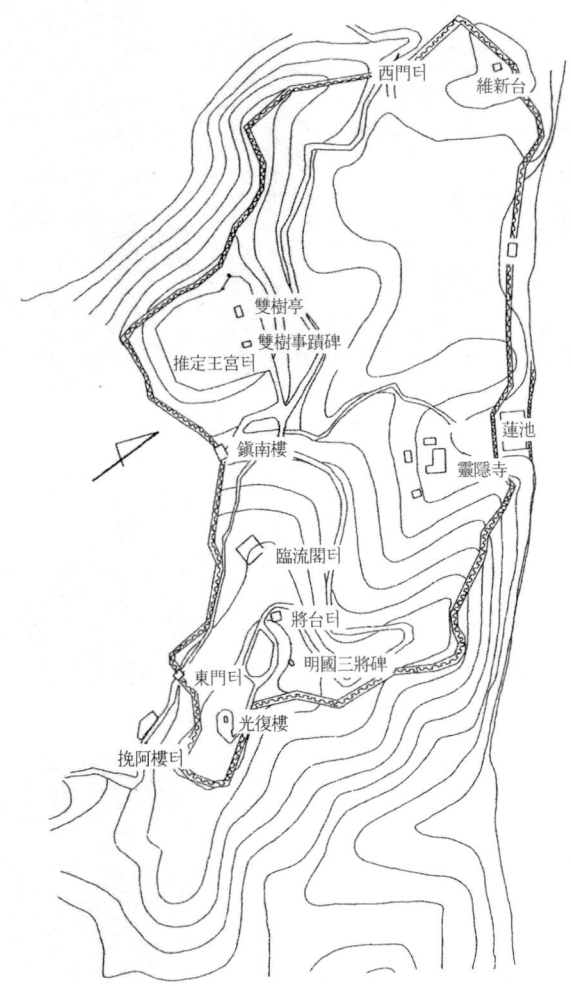

그림 3. 공주 공산성 내 유적 위치도

사진 3. 공주 공산성 임류각터　　　사진 4. 공주 공산성 추정왕궁터 우물터

고, 동남에서 공주가 자리한 구릉
으로 연결된 형국을 이루고 있다.
이외 서쪽은 금강의 강변에 형성
된 분지형 낮은 지대로 성의 서측
부는 급한 경사와 함께 평지로 이
어지며, 동쪽은 표고 80m의 옥녀
봉에 이어지나 이도 강변 계곡 사
이의 분지에 의해 절단된 형식이
며, 남쪽에는 공주의 시가지가 위
치해 있다.[8]
　산성 내의 지형을 살펴보면 성의
외곽은 가파른 경사로 되어있고

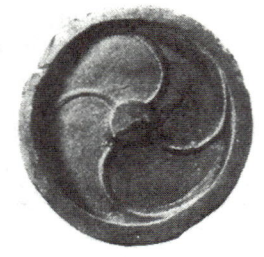

사진 5. 공주 공산성 추정왕궁터 출토 막새

다만 금강을 끼고 있는 북문인 공북루 지역과 그 동남측에 있는 연지와 영은사 지대가 비교적 완만하여 성안 마을과 건물들이 배치되어 있었다. 또 반대측인 남측에는 약간 높은 대지형으로 남문지 서쪽으로 쌍수정과 왕궁으로 추정되는 건물터가 발굴조사되었다. 또 남문터 동남측에는 동문터와 함께 추정 임류각터가 밝혀졌다.(그림 3, 사진 3·4·5)

4. 부여 사비성(泗沘城 : 扶蘇山城)

사비성은 백제가 처음으로 나성(羅城)을 둘러 도시 전체를 방어하는 도성의 개념을 실현한 예라고 할 수 있다. 행정구역상으로 충청남도 부여군 부여읍과 쌍북리·구아리·구교리의 세 개의 리(里) 일대에 놓였다. 이 산성의 남쪽은 완만하게 경사져 내려가다가 평지를 이루어 부여읍을 이루고, 여기에는 추정 궁궐터를 기점으로 남북대로가 놓이며, 그 옆에 정림사지가 있다. 일설이지만, 이것은 주작(朱雀)대로라고 설명하고 있다. 여기서도 동편으로 좀 떨어져 청산성과 그 동편 약 3km 지점에 청마산성 있으며, 서편 강 건너로 부산성이 있다. 그 북편에는 울성산성 등이 있고, 남쪽과 동남쪽으로도 성흥산성과 석성산성 등이 있어 주위에 요새의 산성들이 놓였음을 알 수 있다.(그림 4)

나성은 산성의 서쪽과 동쪽에 연결되어 뻗어있는데 부분적으로 훼실이 많이 되었고, 원형이 남아있는 부분은 그리 많지 않다. 나성의 길이는 약 8km로서 동나성(東羅城)은 부소산 동쪽에서 시작하여 청산성 외

그림 4. 부여 부소산성 중심 지도(1999년)

곽을 감싸고 석목리에 이른다. 이곳에는 공주 방면으로 통하는 문터가 있었다고 하며, 석목리를 옛날에는 석문이 또는 성문리라 하였다 한다. 다시 이 나성은 능산리 뒷산의 능선을 지나 논산 가도를 통과하여 동문다리와 염창리 뒷산을 지나서 백마강까지 이어졌었다고 한다. 현재는 청산성 동쪽으로 약 200여m, 석목리에서 동문다리까지 그리고 필서봉에서 염창리까지 그 흔적이 남아있다.

한편 서나성(西羅城)은 산성의 서변에서 시작되어 백마강을 따라 나란히 뻗어 '빙고재', '장성백이', '성말리'에 이어진다. 이렇게 하여 부여를 방어하는 나성은 옛날에는, 남쪽으로는 금강이 흐르고 또 동문다리에서 궁남지를 지나 군수리 절터까지는 왕포천이 흘러 자연적인 방어가 되므로 나성을 두지 않았다고 한다.[9]

즉 사비성은 그리 높지 않은 야산에 자리잡고, 북쪽에는 공주의 금강과 연결되는 백마강을 자연의 방어벽으로 삼았다. 성곽은 외성과 내성을 두어 2중 이상의 방어벽을 구축하였다고 믿어진다. 산성의 동쪽과 서쪽에는 나성이 꼬리와 같이 연결되어 남쪽에 전개되는 도시를 둘러 쌌던 것이다. 현재 성곽의 둘레는 약 2.2km인데 성안에는 군창터 · 병영 · 움터 · 서복사터 · 남문터 등이 국립문화재연구소에 의하여 발굴조사되어 밝혀진 바 있다.[10]

궁궐과 사묘 건축

1. 줄거리

먼저 궁궐의 의미를 살펴보면 중국의 『석명(釋名)』이란 최초의 사전에는 '궁(宮)은 궁(穹)이며, 가옥이 담 위로 우뚝 보이는 것이다.' 라고 하였다. 궁은 실과 합하여 '궁실'이란 용어로 사용되었는데 위의 사전에는 '실(室)은 실(實)이다. 사람과 사물이 그 속에 가득한 것을 말한다.' 라고 해석되어 있다. 중국 한대 이후 황제의 집을 궁이라고 부른이래로 황궁에만 궁을 사용하였고, 궁과 전을 같이 붙여 '궁전'이라 사용한 것이다. 즉 궁전은 황제가 전용하는 건축군만을 가리키는데, 일반적으로 의례를 행하고 사무를 처리하는 중심건물을 모두 전이라 하였고 생활하고 기거하는 부분을 궁이라 하였다.

건축의 형식을 규정한 최초의 제도는 궁실건축의 내용과 배치에 대한규정이었으며 이것이 국가의 기본제도로서 확립되어 궁실제도라고 불렀다. 이 궁실제도가 성립된 뒤에는 관료와 귀족으로부터 서민에 이르기까지 그 가옥 형식을 규제하는 규정이 제도로서 성립되었는데 이를 문당제도(門堂制度)라 한다.

한편 '궐(闕)'은 원래 부락시대의 주거지 입구 양옆에 설치한 방어용 각루에서 비롯된 것으로 오늘날 군 병영 입구에 세우는 초소와 같은 것이다. 이 궐을 궁에 세웠던 시대에는 문을 세우지 않았다고 하며 한대의 궁문 형식은 기록에 나타나는 것으로 보아 쌍궐이었음을 알 수 있다. 이것이 그 후 당대부터는 누관(樓觀)을 양옆에 세우는 것으로 바뀌고 있음을 중국 당 대명궁 함원전 양옆에 세워졌다는 양관이나 실존하는 북경의 명대 자금성 오문 양 옆에 양관을 세운 것을 볼 수 있다.[11] 우리나라 고려 만월대의 궁궐 역시 승평문 위에 2층 누각을 세우고 그 양옆에 양관을 둔 형식이다.

궁실제도는 소위 '3문3조(三門三朝)'로 요약되는데 밖에서부터 외조[외치를 위한 공간], 치조[정치와 의례를 행하는 공간], 연조[취침 등 생활을 하는 공간]의 3조와 이를 연결하는 3개의 문이 있다는 뜻이다. 궁문에 대하여는 '천자는 5문이고 제후는 3문'이란 기록이 있어 천자와 제후간의 차이가 있음을 알 수 있다. 궁궐이란 원래 '궐을 갖춘 궁'을 가리키는데 궐이 관루나 각루 등으로 변한 후에도 궁궐이라 부르고 또 이 외에도 궁실·궁전·궁성이란 말도 많이 쓴다.

궁궐은 왕과 황제가 중앙집권체제를 갖추고 그 위엄을 과시하기 위하여 장엄하고 화려하게 건축을 하여 그 시기에 가장 큰 재정과 높은 기술을 동원하여 최고수준의 건축을 한 것인 만큼 건축예술적인 가치가 크다.

　우리나라 고대의 궁궐은 기원 전후하여 도성과 함께 발전된 것으로 추정되는데 이중 기록에 나타나는 것은 단군 왕검이 다스렸다는 왕검성, 고구려의 주몽의 흘승골성(紇升骨城), 백제의 한성, 가락국의 나성, 신라의 금성 등이 있고 실제 조사에서 밝혀진 궁궐로서 고구려의 안학궁과 신라의 북천변 궁터, 백제의 공산성 궁터 등을 들 수 있는데 여기서 확신을 할 수 있는 유구는 안학궁터라 할 수 있다.

　백제의 궁궐 및 사묘의 창건과 수리에 관한 기록은 별로 없다. 대개 알려진 것은 모두 『삼국사기』에 나타난 것들이거나 이를 근거로 한 학술발굴조사로 알려진 것이다. 위의 문헌에 나타난 궁궐 기록을 보면, 〈표 1〉과 같다.

표 1. 『삼국사기』 백제 궁궐 건축기사

왕의 이름	연 대	기 록 내 용
온조왕 13년	B.C 6	9월에 성과 궁궐을 세웠다.
온조왕 15년	B.C 4	봄 정월에 새로 궁실을 만들었는데 검소하나 누추하지 않고 화려하지만 사치하지 않았다.
초고왕 23년	188	봄 2월에 궁실을 크게 수리했다.
비류왕 30년	333	10월 가을에 궁실을 고쳤다.
진사왕 7년	391	봄 정월에 궁실을 크게 수리하고 연못을 파고 산을 만들고 기이한 금수와 특이한 풀을 길렀다.
문주왕 3년	477	봄 2월 궁실을 크게 수리했다.
동성왕 8년	486	7월 가을에 궁실을 크게 수리했다.
무 왕 31년	630	봄 2월 사비궁을 크게 수리했다.
의자왕 15년	655	봄 2월 태자궁을 수리하였는데 극히 사치하고 화려하였으며 왕궁의 남쪽에 망해정을 세웠다.

이와 같이 『삼국사기』에 기록된 내용도 아주 빈약한 것이다. 그러나 이 외에도 230년에 궁성 서문에 불이 났다든지 269년에 혜성이 자궁에 나타났던 일, 320년 궁성에 활 쏘는 대를 만들어 매달 활쏘기를 하였다는 것, 475년 고구려에서 간첩으로 들어온 도림의 꾀에 넘어가 성을 쌓고 그 안에 궁실과 누각 · 대사(臺榭)를 짓되 장엄하지 않은 것이 없었다고 하며, 또 500년에는 임류각을 궁성 동쪽에 세웠는데 높이가 다섯 길이나 되고 또 연못을 파고 기이한 새들을 기르므로 신하가 상소하니 궁문을 닫아버렸다 한다. 이렇게 하여 세워진 임류각에서 왕은 신하를 데리고 밤새워 환락하였다.

백제의 궁실은 처음에는 검소하게 지었으나 그 도읍을 웅진과 사비로 옮긴 후에는 너무 화려하게 꾸며 결국 국력의 낭비와 정신적인 부패로 나라가 기울게 되었다. 『삼국사기』 무왕조에는 "궁전의 남쪽에 연못을 파고 20리에서 물을 끌어대고 사방 호안에는 버드나무를 심고 물 가운데 섬을 만들기도 하니 마치 방장 선산 같았다."라고 하여 당시 조경이 고도로 발달하고 화려하였음을 알 수 있다. 이와 같은 백제의 앞장선 조원이 이루어짐으로써 경주의 안압지와 같은 극치의 작품이 생겨날 수 있었던 것으로 믿어진다.

그러나 지금 실제 백제의 궁터로 확인된 것은 거의 없다. 다만 학자에 따라 견해를 달리하여 전술한 공산성 내 쌍수전 앞 건물터를 백제 왕궁터로 추정하고 있는 것과 국립부여문화재연구소 앞 소위 관북리 궁터 그리고 익산 왕궁리의 소위 왕궁터 등이 거론되고 있지만, 이들을 확신하기에는 좀더 조사연구가 필요하다.[12] 이 외에 궁남지 역시 그동안 발굴조사가 이루어졌지만 아직 그 성격을 전체적으로 밝히기는 어렵다. 자료가 빈약하긴 하지만 여기서는 소위 추정 백제 궁궐건축과 관계되는 유적에 대하여 기술해 보려 한다.

2. 한성시대

1) 풍납토성

이 유적이 하남 위례성이라면 백제의 초기 궁궐터가 있을 것이다. 그동안의 발굴조사에서 확실한 유구를 밝히지는 못하였으나 백제의 상류계급에서만 사용될 수 있는 토기를 비롯하여 초기 와당·중국 청자 등이 출토되었다. 이는 이곳에 권위 있는 상류계층의 건축이 있을 것이라는 추측은 물론 백제의 궁성터가 분명할 것이라는 주장에 힘을 실어준다.

실제로 이곳에서는 근래에 거대한 특수 건물터가 드러남에 따라 궁궐이 있었음을 시사해 주었고,(그림 40) 그 시설과 규모면에서 볼 때 일반 서민보다 격이 높은 자의 움집터로 추정되는 백제시대의 6각형 평면의 움집터가 여러 곳에서 노출되었는데 이것은 초기 민가의 한 종류로 추정된다.(그림 5·6, 사진 6·7)

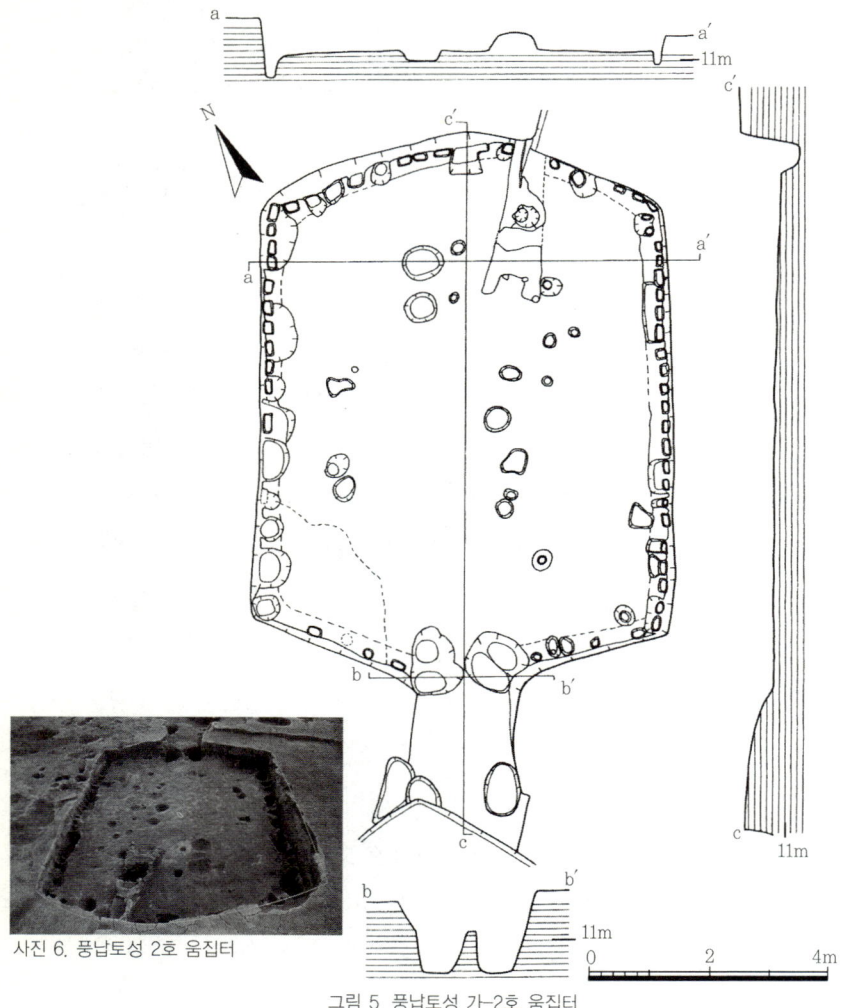

a   a′

11m

c′

N

c′

a′

a

b   b′

c

c

11m

사진 6. 풍납토성 2호 움집터

b   b′

11m

0   2   4m

그림 5. 풍납토성 가-2호 움집터

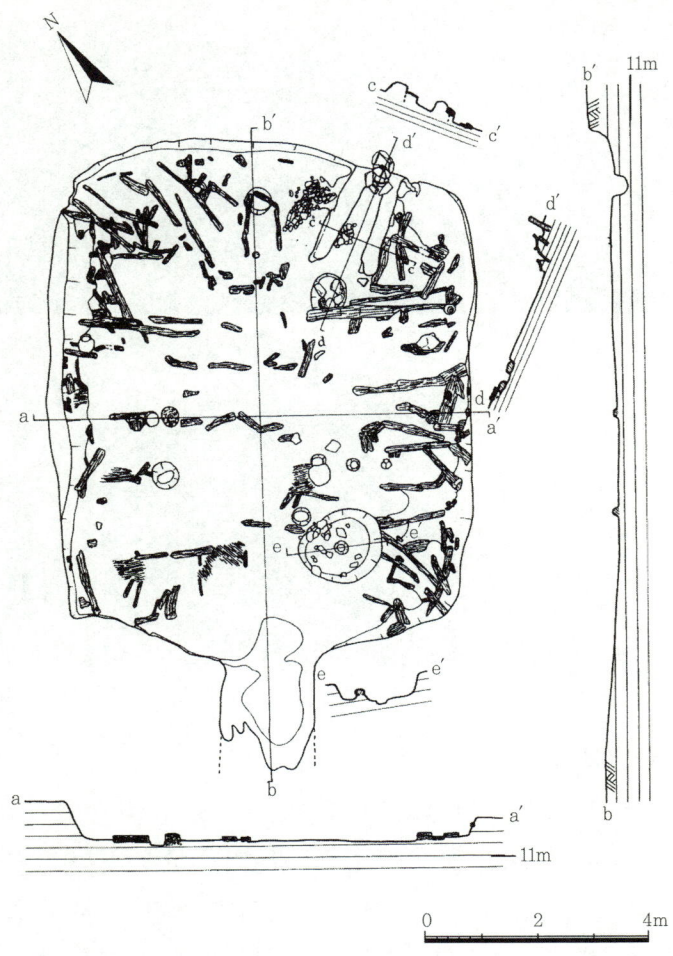

그림 6. 풍납토성 가-3호 움집터

사진 7. 풍납토성 3호 움집터

2) 몽촌토성

이곳은 1983년부터 1988년까지 올림픽 경기장 시설을 위한 사전조사로 서울대학교를 비롯하여 여러 대학교가 합동으로 발굴조사한 유적이다. 여기서는 움집터와 목책·해자·지상건물터·저장구덩이 등의 시설이 밝혀졌고, 삼족토기와 기대편·와당편·시루편·파수 달린 토기편 등 상위층에서 사용됐던 백제 유물이 많이 출토되었으나 궁궐로 추

사진 8. 몽촌토성 전경 및 출토 유물

정되는 유구는 아직 발견되지 않았다. 따라서 이곳에 궁궐이 있었는지
는 알 수 없다.(사진 8)

3) 이성산성

이 유적은 한양대학교 박물관에서 1986년부터 오래도록 발굴조사를 했지만 아직 확실한 백제의 고증유물이 출토되지 않았다. 그 대신 일부 고구려의 관직인 '욕살' 명 목간과 '마홀' 명 명문와 또는 신라의 유물이 대부분을 차지하고 있어 논란이 많은 유적이다. 그러나 8각·9각·12 각의 건물터가 노출되어 다분히 백제적인 요소도 있다고 필자는 추정하고 있는데 그 이유는 백제 산성인 순천의 검단산성의 다각형 백제건물터가 확인되었고 비록 신라의 것으로 보고는 되었지만 역시 백제 산성인 공산성 내의 다각형 건물터들이 시사하는 바가 있다고 생각한다. 그러나 이곳에서 출토되는 유물은 삼국시대의 신라의 유물이 많아서 그 진상을 확인할 수 없다. 만일 이곳이 궁성으로 사용되었다면 현재 노출된 도리칸 15칸과 보칸 4칸의 장방형의 거대한 건물터나 기타 잘 쌓은 석축·연못 등으로 보아 가능성을 배제할 수 없다고 본다. 그러나 이곳은 좀더 고증이 되는 유구나 유물이 조사되어야 될 것이다.

3. 웅진시대

1) 공산성 추정 왕궁터

조선의 『대동지지(大東地志)』에는 다음과 같은 공산성에 관한 기록이 있다. 즉 '쌍수산성은 공주 북 2리에 있어 백제 성왕 4년에 웅진성을 수리한 것이다. 『승람』에서는 공산성이라 불러 석축으로 되었으며, 하

나의 우물과 3곳의 연못이 있다.' 라고 하였고[13] 또 『여지도서』 기록에
서는 '쌍수산성은 옛 이름이 공산성으로서 공주 북으로 3리에 있고 갑
자년 이괄의 난 때 인조가 쌍수 밑에 머물러 피하였으므로 쌍수산성이
라 한다.'[14] 하였다. 이러한 기록을 종합하면 웅진성이 공산성이었고
이는 쌍수산성이라 불리기도 하였음을 알 수 있다. 또 『삼국사기』의 기
록에는 '동성왕 22년(500년) 봄에 궁의 동쪽에 임류각을 세웠는데 높
이가 5장(1丈은 10척)이고 또 연못을 파고 귀한 새를 길렀다.' 라고 하
여 임류각의 서쪽 어딘가에 궁실이 있었다는 것을 시사한다.

　1980년 공주사범대학 백제문화연구소에서는 공산성 내의 동남편에서
추정 임류각터를 발굴함에 따라[15] 왕궁터가 그 동쪽에 있지 않을까 하
는 기대를 갖게 되었고, 그 후 1985년과 1986년에는 공산성 내 서남쪽
쌍수정이 놓인 높은 지대의 평지에서 비교적 규모가 큰 건물터 3곳과
대형우물터 1개소가 확인되었는데 발굴자는 이것을 웅진성의 궁전터로
추정하였다.[16](그림 7 · 사진 3)

　임류각터는 평면이 대체적으로 정방형을 이루고 있는데, 남측면이 5
칸이고 동측면이 6칸인 건물터로 2~3장의 크고 작은 판석을 맞추어
편편히 놓은 적심 위에 초석이 놓여져 있다. 이러한 적심석은 백제에서
흔히 사용했던 것으로, 익산의 미륵사터에서도 일부 볼 수 있는 기법이
다. 그러나 고대에는 이 적심석 자체를 초석으로 이용했을 가능성도 있
어 소위 그랭이 초석을 이루었다고도 생각된다. 이 건물터에서 출토된
유물은 토기편과 기와편인데 토기는 회색민무늬토기로서 백제계의 것

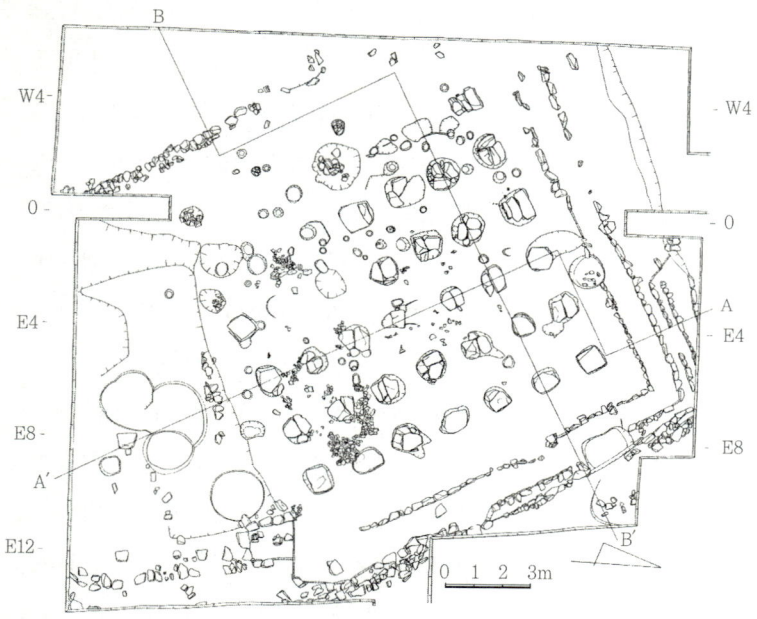

그림 7. 공주 공산성 임류각터

이 많지만, 8판 연화문 기와조각은 1점만 출토되고 통일신라시대와 고려시대의 특징을 보이는 무늬기와가 많이 출토되어 이 건물터가 백제 이후에도 계속 사용되었음을 알 수 있다.

추정 왕궁터의 조사 대상지역은 공산성 내 서쪽 정상에 위치하고 있으며, 표고 85m로 약 6,800㎡의 넓이를 가진 광장이 조성되어 있다. 이 광장의 남측 및 서측 방향에는 공산성의 남측 성벽이 구축되어 있는데, 성벽과 광장 사이에는 성의 내호(內壕 : 성을 따라 파놓은 방어용 골)가 깊게 조성되어 있으며, 성의 외면은 가파른 경사를 이루고 있다. 한편 광장의 북쪽은 쌍수정이 광장보다 약 7m 높은 대지에 자리잡고 있으며 동쪽으로는 진남문으로 통하는 성내의 얕은 계곡을 이루는 낮은 곳으로 내리막길을 이루고 있다. 광장은 본래에도 평평하였던 것으로 믿어지는데, 1935년에 일본인들이 여기에 운동장을 조성한 것으로 전해지며, 이 때 광장에서 크기 1m에 가까운 방형초석 20여 개를 치웠고 아울러 백제 8엽 연화문 막새 및 치미의 조각들이 발견되었다고 한다. 따라서 이 유적은 잘 보존되지 못하고 광장을 조성할 때 많이 훼손되었던 것으로 추정되었다.

이곳은 1985년과 1986년에 걸쳐 세 차례의 전면 발굴조사가 실시되었다. 조사결과 초석을 놓았던 적심석이 노출된 건물터 2개소와 기둥을 땅을 파서 세워 만든 굴립주의 건물터 · 연못터 · 목곽으로 만든 저장고 · 저장구덩이 등의 백제 유적과 후대의 시설이 노출되었는데,[17] 이를 살펴보면 다음과 같다.

우선 광장의 동북부에는 동서 35m, 남북 25m의 범위에서 약 100여 개의 기둥구멍이 노출된 굴립주(掘立柱)식 건물터를 들 수 있는데, 이는 여러 번에 걸쳐 개축과 재축을 하였던 것으로 추정된다. 기둥구멍은 생토면을 파서 만든 것인데 그 모양은 네모나 원형이고 그 깊이와 크기도 일정치 않고 큰 차이를 보인다. 이중 비교적 평면이 잘 나타난 것이 북쪽에 있는 것으로 동서열을 맞추어 8칸을 형성했는데, 건물의 전면

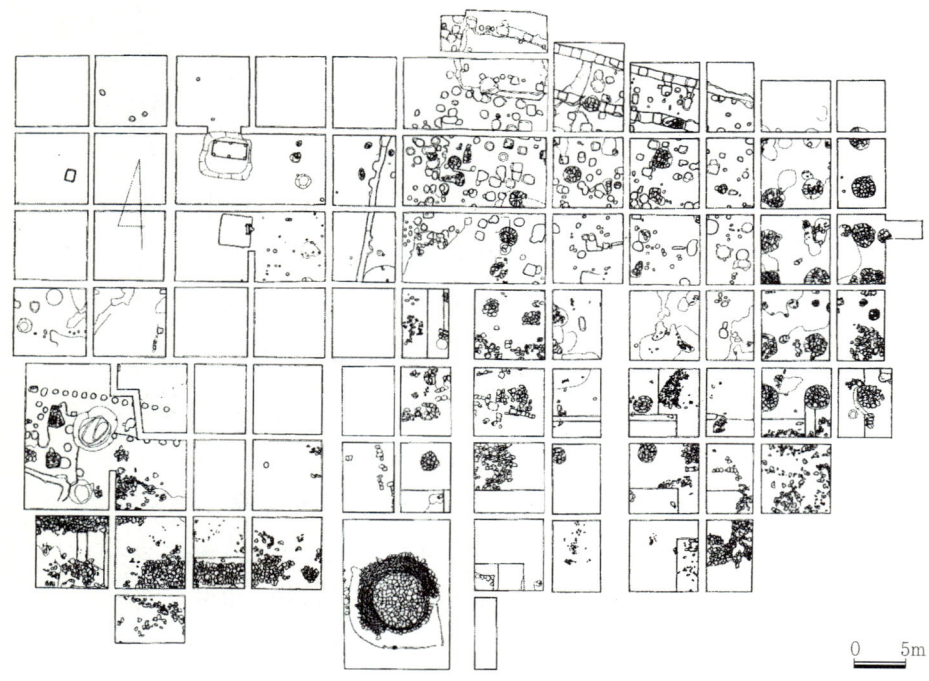

0   5m

그림 8. 공주 공산성 백제 추정 왕궁터

이 18m, 측면 5m의 규모로 주칸은 2.4~5m로 나타났다. 굴립주식 건물터 외 나머지 건물터는 모두 적심석을 두고 그 위에 초석을 놓았을 것으로 추정되는 건물터 2개소가 확인되었다. 이 가운데 제1건물터는 동서 6칸에 24m, 남북 4칸에 14m로 건물의 위치로 보아 중심이 되는 건물로 추정되었다. 제2건물터는 동서 2칸에 9.6m, 남북 5칸에 24m

인 대형건물지로 적심석은 먼저 지름 2m 정도의 웅덩이를 생토면에 파고, 그 안에 큰 쪼갠 돌을 둥글게 원형으로 돌리고 가운데의 나머지 부분도 돌을 채웠다.[18] 그러나 발굴보고서에 의하면 유구의 실측 그림으로 보아 적심열이 6칸×4칸으로 확인하기 어렵다. 적심석으로 보아 적어도 3개 이상의 건물이 세워졌던 것으로 추정이 되고, 또 굴립주식 건물도 열이 맞는 것이 몇 개가 되지 않아 그 성격을 파악하기 어려움이 있으나[19] 어쨌든 이곳에서는 여러 번에 걸쳐 건물 조영이 이루어졌음을 추정할 수 있다.(그림 8)

연못터는 오히려 대형의 우물이란 표현이 좋을 것 같다. 왜냐하면 이곳은 물을 사용하기 위해 인위적으로 만든 원형의 구조물이기 때문이다. 크기는 윗부분의 지름이 7.8m, 바닥의 지름은 4.9m, 깊이 3m로서 마치 대접 같다. 대체로 북측벽의 호안석이 잘 남아있고 동서쪽은 상부가 많이 훼실되어 있다. 바닥은 넓적한 깬 돌을 깔았고, 벽체는 성돌과 같은 30~50㎝의 깬 돌을 차곡차곡 외측으로 물려 올려 쌓았는데 그 뒤채움은 두께 약 1m 정도의 점토를 다져 누수를 막았다.(사진 4)

광장의 서북단에 위치한 목곽 저장시설은 암반을 가로 4.2m, 세로 4.4m, 깊이 2.9m로 파고, 그 구덩이 안에 가로 1.4m, 세로 3.1m의 장방형 목곽을 시설한 후 그 밖은 흙으로 메웠다. 목곽의 중간부와 귀에는 기둥구멍을 파고 기둥을 세워 그 밖으로 판재를 이어 돌려댔다. 그 안에서 나무편과 기와편이 출토되어 지붕이 있었던 것으로 추정을 하고 있다.

이 외에 4개의 대·소 저장구덩이가 발굴되었는데, 이중 원형의 대형 구덩이는 몽촌토성에서 노출된 대혈(袋穴 : 자루와 같이 위가 좁고 밑이 넓은 형)과 같아 윗지름 140㎝, 바닥 지름이 220㎝ 깊이는 220㎝에 달한다.

이곳에서 출토된 유물을 살펴보면 백제에서부터 조선시대에 이르기까지 각 시대를 망라하고 있는데, 수적으로는 백제의 것이 많다. 이 가운데 수막새기와는 8엽 연화문 기와가 주류를 이루고, 卍자형 파상형(巴狀形) 막새기와도 있다. 8엽 연화문은 주연을 뚜렷이 두고 두툼하고 둥근 연화잎 무늬에다 8+1개의 연자를 둔 자방으로 구성되었는데, 이는 5~6세기 웅진성 시기의 전형적인 연화문 막새기와이다.(사진 5) 토기류는 항아리·병·벼루·삼족토기·받침대 등의 백제 유물이 출토되었다. 이밖에 지름 9.9㎝의 청동거울도 출토되었는데, 이는 중앙에 원추형의 꼭지가 부착되어 주연은 무늬 없이 넓게 만들어졌고 이 주연부와 중심 꼭지부의 사이에는 4개의 꼭지가 있어 그 사이에 물결무늬 혹은 구름무늬로 장식한 백제시대의 것이다.

이곳이 추정 백제 왕궁터란 것은 몇 가지 점에서 타당성이 있다고 하나 다른 한편으로는 믿기 어려운 점도 있다. 즉 이미 밝혀진 임류각터의 서쪽에 왕궁이 있었다는 기록에 따른다면 이곳 외에는 적당한 장소가 없으며, 여태껏 왕궁터로 추정되어 왔던 공산성 남측에 놓인 대형초석이 조사 결과 옮겨온 초석이고 이곳에 다른 유적은 찾아볼 수 없다는 점이 바로 쌍수정 부근 건물터가 웅진성의 왕궁터라는 것이다. 반면 이 건물터는 그 규모와 배치가 왕궁의 외조·치조·연조의 기능을 갖기 어렵고 대지가 협소하여 건물의 배치가 정연히 나타나지 않았으며, 또 '官'이란 명문와는 궁궐보다는 관부를 지칭하는 것 같다는 점에서 이 곳이 왕궁터라는 설의 설득력을 잃는다. 필자는 아직도 웅진시대의 백제 궁궐이 공산성 밖 남쪽 어딘가에 있지 않았을까 하는 막연한 기대를 뿌리칠 수 없다.

4. 사비시대

1) 부소산 남측 관북리 추정 궁궐터

이 유적은 1982년과 1983년에 충남대학교 박물관에서 발굴조사하였으며,[20] 그 후 같은 기관에서 1987년부터 1990년까지, 그리고 1992년에 걸쳐 다섯 차례의 추가 조사가 있었으며[21] 2002년에는 국립부여문화재연구소에서 조사한 바 있다.[22] 지금도 같은 연구소에 의하여 조사가 진행되고 있다.

처음에는 이곳에 개인 토지소유자가 상가를 세우기 위하여 공사를 하던 중 백제시대의 배수시설이 구 부여박물관 정문 옆에서 남쪽으로 뻗어 내려오는 것을 발견하고 공사를 중지하고 발굴조사를 실시하게 되었는데, 이 지역은 역사·지형적인 위치로 보아 백제의 왕궁이 있었을 가능성을 기대하게 한다. 즉 부소산에서 이 위치를 살펴보면 서남방에 위치하며, 여기서 동쪽 약 350m 떨어져서 또 하나의 후보지로 구전되어오는 부여여고 교사가 있고, 반대쪽으로 200m 거리에는 소방서가 로터리를 접하여 있다. 백마강을 북쪽으로 임한 부소산성을 거점으로 그 좌우에 연결된 나성은 사비도성을 남쪽으로 감싸고 도시계획을 이루었을 것으로 짐작된다. 당시의 도성계획이 어떠했는지 확실치는 않지만 구 부여박물관의 정문에서 남향하여 뻗은 도로는 주작대로[지금 서울 경복궁에서 남쪽으로 뻗은 세종로와 같은 길]를 연상시키고 이 대로변에 정림사가 있다. 당시의 도성 방리제도 지금의 시가지 모습과 대략 같았으리라는 설명을 조사자는 하였다. 그 옛 모습은 1925년에 제작된 5만분의 1 지형도에 의하여 재현될 수 있다. 이 도로의 남단에는 이궁터로 추정되는 궁남지가 위치한다.

구 부여박물관의 부지는 조선시대의 부여현 관아가 있던 터를 그대로 이용한 것으로 현재는 국립부여문화재연구소가 사용하며, 그 경내에는 객사로 사용하였던 부풍관과 동헌이 그대로 남아 있다. 부풍관은 좌우에 익사가 달린 정면 9칸, 측면 2칸 규모의 건물인데 여기에 사용된 화강암의 초석이 거의가 백제시대의 초석이다. 1964년에 간행된 『부여군지』에 인용된 부여현 관아 배치도를 보면 객사와 동헌 전면에는 각각 삼문이 있었고 지금의 광장에는 부속건물이 있었던 것 같다고 보고서에 기술하고 있다. 또 이 광장에서 남쪽으로 약 80m 떨어진 도로 동편에 있는 옛집은 관아에 속한 건물의 하나였다고 하며 여기에 사용된 초석의 일부도 역시 백제의 유구이다. 『부여군지』의 편자는 '백제궁궐지'를 설명하면서 그것을 조선시대 관아가 소재하였던 관북리 일대로 추

사진 9. 부여 객사 및 동헌 자리 전경

정하는 한편 그에 대한 근거의 하나로 이곳에서 백제의 와당과 초석들이 많이 발견된 사실을 들고 있다.(사진 9)

　관북리 일대가 백제 궁궐터라는 또 하나의 근거인 보물 제21호 '유인원비'는 지금의 삼충사 후면에 해당되는 위치에서 해방 후에 옮겨진 것이라 한다. 또 이곳에 있었던 보물 제194호인 백제 석조는 원래 광장 부근에 있었던 것으로 추정하고 있으며, 1948년에 발견되어 학계에 큰 관심을 불러일으켰던 '백제사택지적비(百濟砂宅智積碑)'의 발견 장소도 여기서 동쪽 근거리였다. 그리고 이보다 좀더 동쪽에 위치한 부여여고의 후정에는 백제시대의 팔각우물이 있는데 고종 17년(1880)에 김복현이 지은 「부풍관중수기」에는 이것에 대하여 '객사 동정에 소위 어정이란 우물이 있다'라고 하였다. 위와 같은 일련의 정황은 이곳이 사비도성의 궁터였을 것이라는 추정을 가능케 한다. 1·2차 발굴조사에서는 구 부여박물관 정문 앞 '가'구역을 조사하면서 인위적으로 만든 백제시대의 방형 연못이 노출되었는데, 연못에는 석축 호안을 하였다. 대체로 춤이 낮고(10~15㎝) 길이도 짧은(20~25㎝) 돌과 큰 것을 혼용하여 높이 약 1.2m로 쌓은 연못이다. 그 크기는 2002년 국립부여문화재연구소가 확인 조사한 대로 남북의 길이 약 6.2m이고, 동서 길이 약 10m의 장방형이며 오랜 기간 교란이 많이 되었다. 2003년도 조사에 의하여 이 연못 주위에는 기둥구멍들이 열을 지어 노출되어 있음이 확인되었다. 혹시 지붕이나 보호시설이 있었던 것은 아닌지 의심스러우나 확실치 않다. 이 연못 내부를 메운 퇴적토 속에서 발굴된 유물은 모

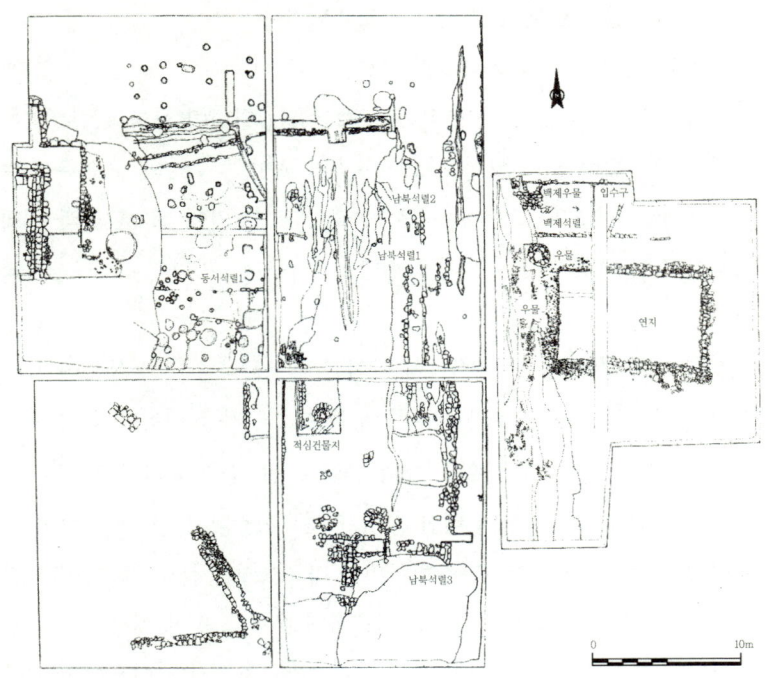

그림 9. 부여 관북리 '가' 지구 유구 배치도

두 백제시대의 것이고 최상층에서 중국 당대(唐代)의 초기 화폐인 개원통보 2점이 발굴된 바 있다. 2002년 조사에서 이 연지 북쪽에는 백제시대 우물로 보이는 지름 80㎝ 정도의 원형의 우물이 노출되었고, 굴립주 건물터와 석축열 배수 시설 등이 노출되었다. 1987년과 1990년에는 약 70m 길이의 남북대로가 조사되었는데 그 원래의 폭이 대략 8.9m였다고 한다.(그림 9) 이 외에도 백제시대의 샘터가 부소산 기슭에서 노출되었고 또 부소산 석축도 노출되었다.

출토된 유물은 기와류와 토기류 그리고 금속류와 기타로 볼 수 있다. 암키와는 등무늬가 굵은 선조무늬를 하였고 평면형이 사다리꼴로 되어 있어 삼국시대에 흔히 보이는 고식을 나타내며,[23] 수키와는 모두 토수형으로 굵은 선조무늬와 민무늬로 되어 있다. 이 외에 토기편들과 은제도금이식[귀걸이]과 목간이 출토되었고, 바구니·바가지 등도 출토되었다.

결론적으로 발굴자는 '현재까지 확인된 발굴조사 유구를 통하여 사비 백제 왕궁터의 실체를 파악할 수는 없었으나 연지를 비롯한 굴립주 건물터·도랑 유구 등과 저수조 등의 공방 관련 유구 그리고 이 지역을 이용하기 위해 자연지형에 대한 전지가 이루어졌다는 점 등은 사비 백제의 왕궁이 자리하고 있던 주변구역일 가능성이 충분하다고 판단되었다. 후대의 유구를 제외하고라도 백제시대 유구들 또한 매우 복잡하게 중첩되고 교란된 것으로 보아 이 지역에 대한 지속적인 이용이 백제시대에도 꾸준하게 이루어진 것으로 보인다. 향후 사비 백제시대의 왕궁터를 밝혀내기 위하여 조사가 지속적으로 이루어져야 될 것'이라고 밝히고 있다.[24]

2) 궁남지 유적

이 원지는 충남 부여군 부여읍 동남리·군수리·왕포리 일대로 추정하고 있으나 지금까지 수차례의 계속된 발굴조사에서도 정확한 원형을 찾을 수 없다. 『삼국사기』 무왕 35년(634년)조에 의하면 '궁궐 남쪽에 못을 파고 20여 리에서 물을 끌어들여 사방 언덕에 버드나무를 심고 연못 가운데에는 방장선산을 모방하여 섬을 만들었다.'고 기록되어 있는 것으로 보아 무왕대에 조성한 것으로 판단된다. 당초의 규모가 어떠하였는지는 밝혀지지 않고 있으나, 기존의 문헌들을 참고할 때 원래 약 3만평 정도의 규모이던 것이 1965년~1967년에 실시된 복원공사 때 현재의 모습인 약 9000평으로 축소 정화되었다.[25](사진 10)

1990년의 1차 조사에서는 백제시대에 조성된 원지 서쪽 호안의 일부가 확인되었으며, 1991~1993년의 2·3차 조사에서는 궁남지의 외부 북동쪽과 남동쪽 일부 호안 및 수전 일부를 확인 조사하였다. 1995년에는 현 궁남지 내부 원지 동쪽에서 남쪽으로 연결된 수로와 이에 인접해서 관개시설의 일종인 목조 시설물을 발견하였다. 그러나 조사 과정에서 무왕대의 궁남지와 관련된 시설은 확인되지 않았다.[26] 이후 1999년에서 2001년까지 국립부여문화재연구소에서 3차에 걸쳐 궁남지를 더 발굴조사 하였다. 그러나 건축과 조원기술의 선구적인 역할을 하여 신라와 일본에까지 전파시켰을 것이라는 원류적인 유적의 기대는 아직도 잡히지 않고 다만 현재 복원된 궁남지와 섬은 잘못된 것임을 확인할 수 있을 뿐이었다. 이곳 수로바닥에서 수집된 목재와 유기물을 갖고 방사성 탄소연대를 측정한 것을 보면 대략 기원 540년으로 나오고 적갈색 사질점토층 건물터에서 나타난 것은 대략 600년 정도로 사비시대와 맞는 것 같다. 최종 3년간의 발굴조사에서는 주로 물길을 잡아주던 크

사진 10. 부여 궁남지 전경(위에서)

고 작은 수로가 동서향과 남북향 총 20여개에 연장 300m 내외 정도가 확인되어 관개시설과 관련된 농사일과 연관을 지을 수 있었다. 실제 위 『삼국사기』의 기록 중 무령왕 10년(510년)조에 '제방을 완고하게 하고 유랑하던 백성들이 돌아가 농사를 짓게 하였다.'고 하여 백제에서 중농 정책을 쓰고 있었음을 알 수 있다. 또 수로와 함께 도로의 마차 바퀴 자리도 나타나서 관심을 끌기도 하였다.

한편 『삼국사기』 무왕 37년조에는 '망해루에서 신하들과 연회를 즐겼으며, 왕이 비빈과 함께 못에 배를 띄우고 놀았다.'고 하였고, 같은 책 의자왕 15년조에는 '궁궐 남쪽에 망해정을 세웠다.'고 되어 있어 모두 궁남지 주변에 대한 기술로 추정되며 이곳이 왕족이 노닐던 장소이기

부여 궁남지 전경(옆에서)

도 하였다.

  궁남지 동편으로 낮고 평탄한 구릉이 펼쳐져 있는 화지산이 있다. 이
곳은 백제의 이궁[별궁]터와 어정(御井, 왕이 사용한 우물)이 있어 예로
부터 신성시되던 곳이기도 하다. 1999년에 이곳에 백제 결사대충혼탑
을 세운다는 부여군의 의견과 이곳이 훼손되어서는 안된다는 학계 및
연구소의 의견이 대치되어 물의를 일으키다가 결국 2000년 봄부터 국
립부여문화재연구소가 화지산 일대는 시굴 조사하였다. 여기서 문터와
건물터 그리고 백제시대의 기와를 비롯한 많은 유물들이 출토되어 공
사를 중단시킨 사례가 있다. 따라서 이곳은 이궁터나 기록의 망해정이
있었던 곳으로도 추정하고 있다.[27]

사진 11. 부여 궁남지 출토 유물

　궁남지에서 출토된 유물은 목간과 칠기·농구·공구·생활용구·목
부재 등 그 형태가 다양하다. 특히 목재가래는 지금까지 백제의 유적에
서 출토된 예 중 가장 많은 양인 5점이 출토되었다. 또 여러 종류의 씨
앗류·동물뼈·조개류 등도 당시의 식생활과 기타 생활상을 연구할 수
있는 자료가 된다.(사진 11)

5. 기타

1) 왕궁리 유적

이 유적은 전라북도 익산시 왕궁면 왕궁리에 위치한다. 즉, 금마에서 전주로 가는 1번국도 변에 위치하고 있어 여기에는 이 마을을 수호한다는 동·서 고돌이 석불이 서 있다. 왕궁리 유적은 현재 익산시 왕궁면에 편입되어 있으나 조선시대에는 금마군에 소속되어 있었다. 왕궁리 유적을 중심으로 한 주변유적은 삼국시대부터 금마저라 하는 경역 내에 소속되었을 것으로 여겨지고 있다. 또한 이곳은 '왕궁평', '왕검이', '왕금이', '왕금성' 등 여러 지명으로 불리고 있어 왕궁이 있었음을 암시해 준다. 그러나 『삼국사기』나 『삼국유사』 기록에는 이 지명에 대한 기록이 전혀 없어 확신하기 어렵다.

왕궁리 유적은 현재 익산시 왕궁면에 편입되어 있으나 조선시대에는 금마군에 소속되어 있었다. 왕궁리 유적을 중심으로 한 주변유적은 삼국시대부터 금마저(金馬渚)라 하는 경역 내에 소속되었을 것으로 여겨지고 있다. 『삼국유사』는 중국의 『위지』를 인용하여 '위만이 조선을 치니 조선왕 준이 궁중에 딸린 사람들과 측근을 데리고 바다를 건너 남으로 한지에 이르러 마한을 개국했다.' 고 하였고, 또 견훤이 고려 태조에게 올린 글을 인용하여 '마한이 먼저 일어나 혁거세가 일어나자 이에 백제가 금마산에 나라를 열었다.' 는 내용을 기술하고 있다.[28] 여기서 금마산은 익산의 금마를 지칭한 것으로 믿어진다. 다음은 고구려의 유민인 안승에 관한 것인데, 『삼국사기』 신라본기에 의하면 문무왕 10년 (670년)에 안승을 처음 금마저에 거주케 한 뒤 동왕 14년(674년) 보덕 왕으로 봉하였다. 그 후 신문왕 3년(683년)에 안승을 경주로 옮기게 하였으며 신문왕 4년에 금마저에서 모반사건이 있어 그 성을 함락하였다고 한다. 이처럼 15년간을 금마가 안승의 근거지로서 자리를 하게 되는데 지금 일컬어지는 보덕성과 왕궁리 유적과는 불과 3km 떨어져 있으므로, 이 유적과 안승의 근거지 사이에 어떤 관계가 있었는지도 짚어보아야 할 것이다.

일본에서 발견된 「관세음응험기(觀世音應驗記)」에 나오는 제석사에 관한 기록을 보면 '백제 무광왕[무왕]이 지모밀지로 천도한 후 새로 정사를 경영했는데 정관13년(639년) 올해 겨울 11월에 큰비를 동반한 낙뢰가 제석정사에 내려 불당과 7급의 부도·회랑과 방이 모두 불에 타 없어졌다.'고 기록되어 있다. 위의 기록 중 '지모밀지'에 대하여, 이 왕궁리 마을 동북편의 낮은 구릉 경사면과 그 일대가 '모질메'로 전해지고 있어 이곳이 바로 지모밀지라고 추정하는 설과[29] 말이 같지 않다는 점을 들어 서로 관련시키기에 무리가 있다는 설[30]이 있다. 또 7급부도에서 나왔다는 사리장치가 이곳 석탑에서 나온 유형과 너무 흡사하여 이곳의 전신인 목탑에 대한 이야기가 아닌가 추정해 보는 것이다. 그 탑의 양식은 백제의 것으로 믿어지며 일부 학자는 이 석탑도 백제탑으로 믿는 학자도 있으나, 석탑의 내장유물로 볼 때 고려 초의 것으로 추정된다. 이 탑에서 동편으로 약 1km 정도의 거리에 궁평 마을이 보이는데 마을동편 낮은 구릉 위에 목탑의 심초석이 둘로 쪼개져 남아있다. 이곳에서 나온 평기와에 '제석사(帝釋寺)'라는 명문이 확인됨으로써 이 절터가 당시 일컬어졌던 제석정사로 알려지게 되었다. 이와 같이 백제가 무왕대에 이 지역으로 천도했다는 일부 기록이 있으나 우리나라의 고대 주요 문헌인 『삼국사기』나 『삼국유사』에는 이와 같은 기술이 보이지 않아 확신하기 어렵다.

이 유적에 대한 왕궁과 관련된 몇 개의 기록은 대부분 조선시대 중기 이후의 기록으로 알려져 있어 정확한 고증을 위해서는 문헌과 현지조사를 통한 정밀한 연구가 필요하다. 조선 후기의 『대동지지』 익산조에 의하면 '익산은 백제의 무왕이 이곳에 별도를 두었다.'고 하여 이 책을 편찬한 김정호가 어떤 근거를 갖고 기술한 것인지 궁금하다.

한편 마한국의 시조로 알려져 있는 후조선 기준(箕準)이 금마군에 도읍을 세웠다는 기록은 『고려사』를 비롯하여 『제왕운기』·『신증동국여지승람』·『조선왕조실록』 등 여러 곳에서 찾아볼 수 있다.

그동안 이 유적지 주변에서는 경작 도중 백제나 백제계로 보이는 기와류 등의 유물이 계속해서 나왔다. 그러던 중 1965~1966년도에 왕궁리 5층석탑에 대한 해체복원공사가 시행됨으로써 탑 심초석 내에 안치되어 있던 청동여래입상 등 출토유물에 대한 고찰을 바탕으로 이 탑의 조성연대를 10세기 경으로 상정한 바 있다.[31] 또 1976~1977년에는 원광대학교 마한백제문화연구소에서 탑 북편 건물 터의 일부와 주변에 대한 탐색 조사에서 동·서·남·북을 에워싼 폭 3m~3.6m 정도의 담

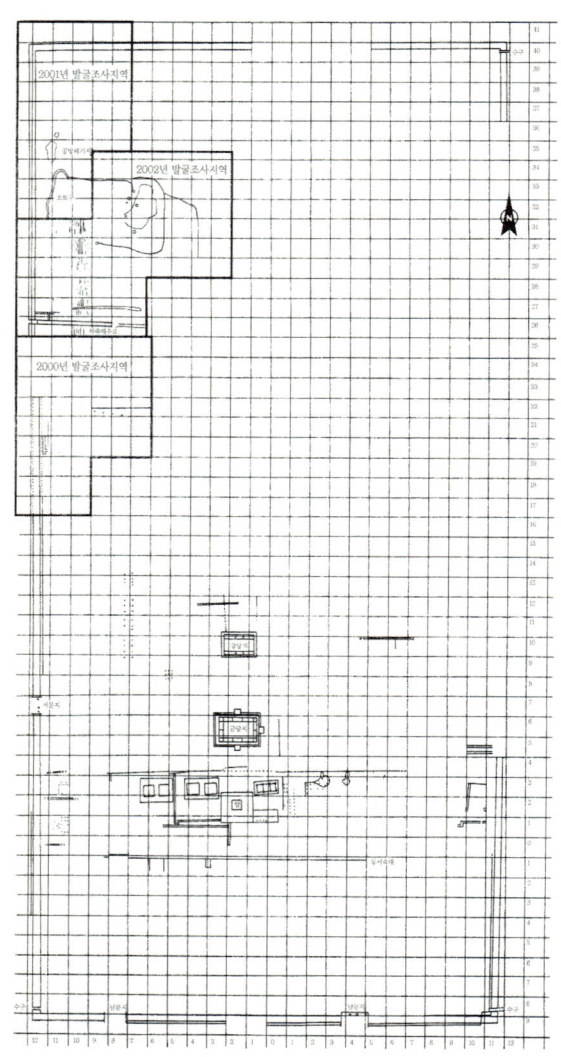

그림 10. 익산 왕궁리 유적
배치도

사진 12. 익산 왕궁리 유적 동측 담장(성벽)터 전경

장 시설이 있었던 것을 확인하고 이것이 궁장이라고 추정하였다. 또한 이곳에서 '관궁사(官宮寺)'란 명문의 기와가 출토되어 왕궁과 관련이 있는 사찰로 추정되었다.[32] 또 근래(1989~현재)에 국립부여문화재연구소에서 이곳을 발굴·조사하여 돌로 정연히 쌓은 폭이 약 3m 정도 되는 궁담 구조의 담장이 동서 폭 236m, 남북 길이 약 490m가 노출되어 이곳의 유적 성격이 예사롭지 않았음을 확인할 수 있었다.(그림 10·사진 12) 이 외에도 이 유적은 마한의 기준 천도설·백제 별도설·안승 도읍설·견훤 도읍설 등 여러 논설이 있다.[33] 지금의 역사가들은 이

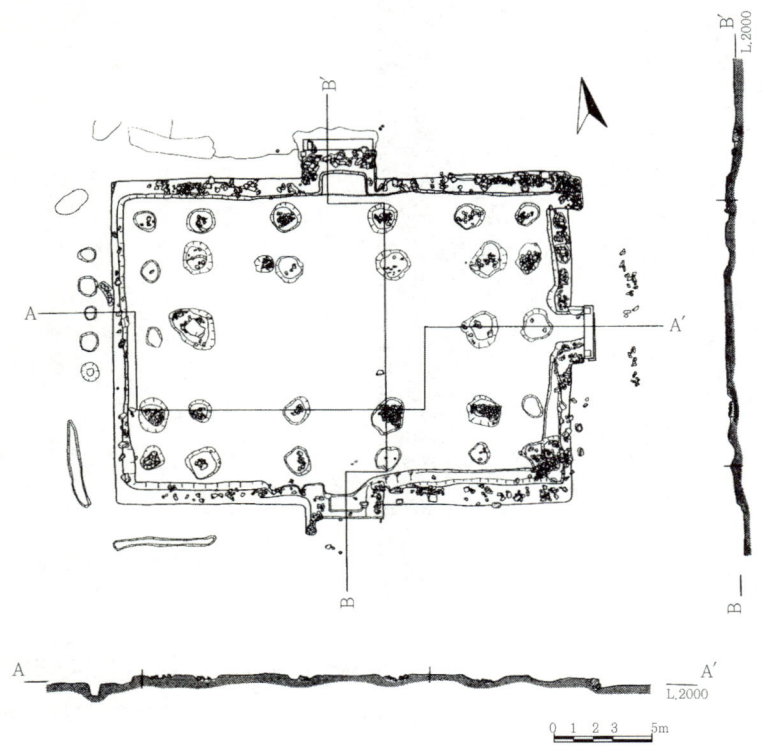

그림 11. 익산 왕궁리 유적 금당터

곳이 백제의 별도의 가능성에 대하여 비중을 두는 편이고 필자 역시 백제와 관련된 유적으로 판단하고 있다.

그간의 조사 보고[34]를 살펴보면 다음과 같다.

추정 금당터는 5층 석탑에서 북쪽으로 약 37.5m 떨어진 곳에 위치한 건물터로 정면 5칸(19.4m), 측면 4칸(12.2m)이다. 계단은 네 면의 중앙부에 놓였던 것으로 보이지만 동·남·북쪽에만 그 흔적이 있었다.(그림 11) 이중 동쪽의 계단이 잘 보존되어 노출되었는데 제1단의 폭은 2.7m이고 소맷돌을 올려놓도록 홈이 패어 있는데, 이 기법은 미륵사의 금당 터에서 볼 수 있는 것이다. 여기서 출토된 8엽 연화문 수막새는 백제 말기의 것으로 올려 볼 수 있고, 그 외에 암막새나 토기류 등은 신라통일기 후대의 것이 주류를 이루었다. 출토된 명문와 중에서는 '관궁사(官宮寺)'·'미륵사(彌勒寺)' 등의 명문이 있어 혹 미륵사에 사용한 기와를 옮겨 사용한 것이 아닌가 추정되기도 하다.

추정 강당터는 5층 석탑 중심에서 북쪽으로 약 80m, 금당터 중심에서 약 42.5m 떨어진 곳에 중심을 두고 있는 것으로 정면 5칸(약 14.7m), 측면 4칸(약 9.5m)인 건물터이다. 이 건물터가 강당으로 추정되는 이유는 금당 북쪽에 탑과 금당의 중심축선 상에 그 중심을 두고 있어 백제 1탑식 가람의 특성을 나타내기 때문이다. 그러나 여기서는 추정 강당터가 추정 금당터보다 훨씬 작은 규모인 점은 다른 백제 가람에서는 볼 수 없는 모습이다. 여기서도 금당터와 같이 기와류와 토기류가 주류를 이루며 출토되었지만, 특기할 것은 미륵사터 초창기 건물터에서 나왔던 백제 8엽 연화문의 연잎 가운데에 인동초를 양각한 와당편이 출토되었다는 점이다.

이 외에도 이 석탑 주변에 위의 금당이나 강당보다 선행하는 규모가 크지 않은 건물터들이 나왔다. 이 중에서 제1호 건물터는 마치 고구려

사진 13. 익산 왕궁리 5층 석탑
동편 4 · 5 · 6호 건물터

의 동대자 혹은 능산리의 능사 북쪽 강당 위치의 건물터 평면과 유사하여 방 2개를 간격을 두어 놓고 앞뒤에 퇴칸을 둔 것이다. 이와 같은 건물은 승당 또는 제당으로 사용된 것이 아닌가 한다. 특히 석탑의 동편 건물터에서 노출된 초석은 미륵사의 회랑이나 승방터에서 노출된 원형의 주좌를 둔 원형초석과 주좌 없이 원형의 평면을 둔 것으로 백제의 것이다.(사진 13)

왕궁리 유적에서 가장 주목을 끄는 것은 성벽과 같이 견고하게 잘 축조된 외곽 담장터이다. 이 담장은 폭이 약 3m~3.6m나 되는 궁장[궁궐의 담장]으로 믿어진다. 성벽의 구조는 대체로 동벽에서 보이는 것과 같이 안쪽에 다듬은 돌을 잘 맞추어 쌓고 바깥쪽은 불규칙한 돌들을 쌓고 그 내부에는 점토와 돌을 쌓아 축성한 것이고 성벽 내측에는 폭 95~120㎝ 되는 돌을 깐 부분이 있어 이것이 성벽의 기초를 보호하기 위한 것인지 아니면 주위를 도는 도로인지 구분하기 어렵다.(그림 12)

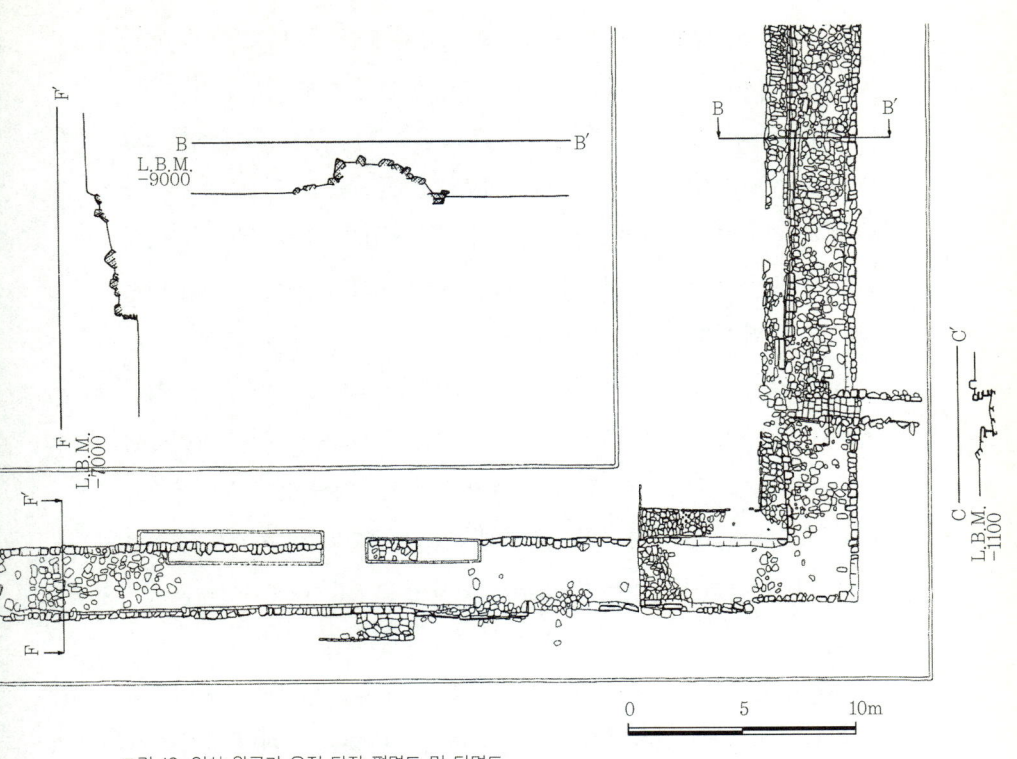

그림 12. 익산 왕궁리 유적 담장 평면도 및 단면도

또 남측벽에는 중심축 양측 동 서로 약 6m 거리를 두고 3칸 문이 대칭
으로 놓여 있어 앞으로 조사가 진행되면 중앙에도 문터가 밝혀질 것으
로 기대된다.

한편 성벽 내의 서북부 조사지역에서는 동서 석축 배수로·성벽과 관
련된 수구·암거 그리고 공방과 관련된 유구로 여겨지는 유적이 확인

되었다. 이 유적에서는 백제 사비기로 편년되는 큰 토기 대접·전 달린 토기·제석사터에서 출토된 연화무늬 와당 등이 출토되었다. 또 유리 제조에 사용된 도가니와 그 덮개 그리고 금판과 금실·금구슬 등이 출토되었다. 여기서 출토된 도가니 분석결과 사금 및 금·청동·유리 등이 검출됨에 따라 이곳이 귀금속을 다루던 곳임을 알 수 있다. 이곳의 탄소 연대 측정 결과는 기원후 535년~630년으로 나타나고 있어 백제 말기의 한 세기를 나타내어 준다.

5층 석탑은 1965년 해체 보수시 출토된 유물로 보아 고려시대 초기의 것으로 추정하고 있다. 고려시대의 석탑은 백제계승식과 신라계승식 그리고 특수형 등이 있는데 이 중 백제계승형은 익산의 미륵사지 서탑 이나 부여 정림사지 5층 석탑 등 백제 석탑의 특징을 어느 정도 갖추고 있으면서 약간씩 변형을 이루었는데 이들의 특징은 대체로 다음과 같다.

첫째, 옥개석이 얇고 넓으며 앙곡을 두고 옥개받침 단이 3단이거나 1~2단을 하였는데 옥개받침은 경우에 따라 옥개와는 별개의 석재로 이루어졌고 형식이 간소화된 빈약한 기단을 갖는다.

둘째, 목구조에 가까운 형식으로 귀기둥과 탑신이 별개의 석재로 되었거나 기둥에 민흘림을 두어 밑은 넓고 위를 좁게 하여 목구조와 같은 효과를 나타냈다.

셋째, 이들은 백제의 옛 땅인 충청도와 전라도를 중심으로 분포되어 있다.

사진 14. 익산 왕궁리 5층 석탑

위와 같은 특징을 잘 보여주는 석탑의 한 예가 왕궁리 5층 석탑이다. 주위 기단보다 높게 형성된 토단 위에 석재로 마련한 기단 위에 우주나 탱주 그리고 면석(面石)을 동일석으로 짜서 세운 1층 탑신석과 3단형의 옥개 받침석 및 옥개석 등을 여러 개의 별도로 된 석재로 구성하여 5층 탑을 세웠다. 탑의 기단의 폭은 약 5m이고, 높이는 약 8.5m이다.(사진 14) 여기서 주목되는 것은 이 석탑의 기단 축기를 조사한 결과 점질토로 된 백제의 정연한 판축기초가 석탑기단에서 5~6m 외부로 뻗어나와 있으며, 부여 금강사 절터에서 확인된 것과 같은 종류의 판축을 다질 때 사용된 약 4~5㎝ 되는 나무봉의 흔적이 뚜렷이 나타난다는 점이다. 또 판축층의 두께도 3~4㎝라고 하여 미륵사터 목탑터와 같은 기법

사진 15. 익산 왕궁리 5층 석탑
하부 판축 시설

을 보여주고 있다. 따라서 이곳에 당초 목탑을 세웠든가 아니면 세우려 했던 것을 알 수 있다.(사진 15)

사찰 건축

1. 줄거리

가람이라 함은 범어의 '상가라마(Sangharama)'에서 유래되었다. 이것을 한자로 음역하여 '승가람마(僧伽藍磨)' 또는 '승가살마(僧伽薩磨)'로 쓰게 되었고, 그 의미는 중원·승원·정사로도 번역된다.『석씨요람』에 의하면 '원자들이 생식을 하는 곳이고 불제자들이 집거하여 불도를 닦아 성과의 뜻을 갖는다.'고 하였다. 중국의 가람은 불교가 들어오기 전부터 성행하던 유교의 문묘나 도교의 사원과 크게 다르지 않다. 초기의 불사는 남북축선상에 주건물과 탑을 배치한 일탑식 가람으로 이루어졌는데 이것은 중국의 순례자가 초기에 '호탄(Khotan)'을 방문했을 때 보고 온 형식이라고 하며, 수 당대에는 쌍탑식 가람을 이루었다고 한다. 그러나 실제 그렇게 오래된 가람은 지금 중국에서는 볼 수 없고 발굴조사에서 명확히 알려진 것도 없다.

이렇게 폐쇄적이고 좌우 대칭인 건물 배치는 중국에서 일반적으로 주

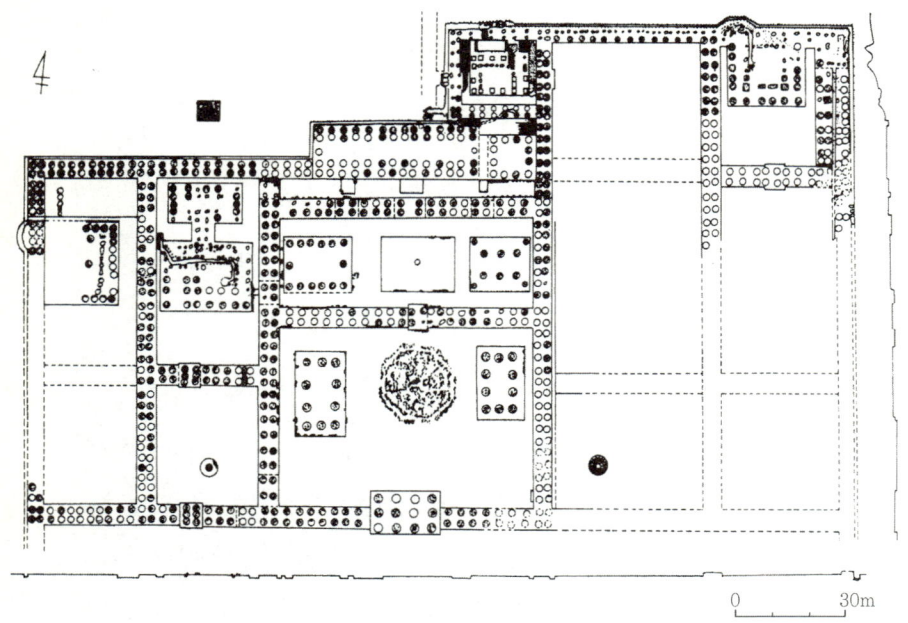

그림 13. 평양 정릉사터 배치도

택에 사용해오던 '사합원(四合院)' 배치에 기본을 둔 것 같다. 사합원 주택은 중앙 주축을 따라 주요 건물을 배치하되 그 좌우에는 부속 건물을 대칭으로 배치하고 사방을 담장으로 둘러싼 형식으로, 중국에서 성행하던 음양오행 사상의 영향을 받은 것으로 믿어진다.[35]

우리나라의 사찰건축에서 가장 오래된 것으로 알려진 가람 형식은 고구려의 다금당 일탑식 가람으로, 대체로 중심부에 팔각 평면의 탑을 두고, 그 동·서·북쪽에 탑을 향하여 금당을 배치하며, 남쪽에는 중문을 둔 것이다. 그 예로 1938~1939년에 일인들에 의하여 조사된 평양 부근의 청암리와 상오리·원오리 절터가 있고, 근래에 북한에서 조사된 정릉사터가 있다. 이 중 정릉사터는 탑터 북쪽에 3개의 불전터가 확인되어 탑 주위에 여러 개의 불전이 있었음을 알려주었다.(그림 13)

백제의 가람은 탑을 중앙에 두고 남북축을 맞추어 그 북쪽에는 금당과 강당·승방을 배치하고 남쪽에는 중문과 남문을 두었으며, 중문과 강당 좌우로는 회랑을 연결하여 탑과 금당을 둘러싸고 중정을 이루도록 배치하였다. 이러한 백제의 사찰 배치 방식은 고구려의 3금당 1탑식에서 발전된 것인지는 잘 모르지만 소위 백제 전형의 1탑식 가람으로 불려지며, 일본의 사천왕사식 가람은 이것을 받아들였다.

백제는 침류왕 원년(384년) 9월에 호승 마라난타에 의하여 불법이 전해졌다고 한다.[36] 지금까지 백제사찰로 알려진 것은 기록에 의하면 13개 정도가 되지만, 실제로 그 터가 확인된 것은 공주와 부여를 통틀어 몇 개소 없다. 그 외에는 이름을 알 수 없는 십여 개의 절터가 확인된 바 있다. 이러한 미미한 자료로 백제의 사찰건축을 논한다는 것은 대단히 어려운 데다 목조건축의 자료는 더욱 그러하다.

백제는 건축문화 면에서 고구려의 영향을 받았지만, 그 나름대로 독특한 건축문화를 발전시켜 삼국 중에 큰 공헌을 하였음을 기록이나 유구를 통해 알 수 있다. 특히 백제는 그들의 건축문화를 이웃나라인 신라와 일본에 전파시키는데 크게 공헌한 바 있다.

기록에 나타나는 백제의 사찰명으로는 서울 지역의 암사(岩寺)와 공주 지역의 대통사(大通寺)·흥륜사(興輪寺)·수원사(水源寺)·갑사(岬寺)·등라사(藤羅寺)·가섭암(迦葉庵)·율사(栗寺)·중심사(中心寺)·동학사(東學寺)·상원사(上院寺)·반룡사(盤龍寺)·마곡사(麻谷寺)·동혈사(東穴寺)·주미사(舟尾寺)·정지사(艇止寺) 등이 있으나 확실한 창건기록이 없어 자세히 알 수는 없다. 이들은 『삼국유사(三國遺事)』·『동국여지승람』·『공주군지』 등에 나타난 것들이다. 부여 지역의 기록은 대부분 『삼국유사』에 실린 기록으로 왕흥사(王興寺)·호암사(虎癌寺)·오함사(烏含寺)·성주사(聖住寺)·칠악사(漆岳寺) 등이 나오고, 익산 지역에는 미륵사(彌勒寺)·제석사(帝釋寺)·오금사(五金寺)·사자사(師子寺) 등이 있다. 그 외에 북부수덕사(北部修德寺)·보광사(普光寺) 등도 있다.

발굴조사를 통해 백제 사찰터로 알려진 것은 일제강점기때 발굴조사된 군수리 절터와 동남리 절터·부소산 폐사터 등이 있고, 해방 후에 조사된 금강사터·정림사터·부소산 서복사터·용정리 절터 등 십여 곳이 있다.

2. 역사적 위치

고구려 소수림왕 2년(372) 6월에 전진의 부견(符堅)이 중 순도(順道)를 보내서 불상과 경문을 전함으로써 고구려에 불교가 처음 들어온 이후, 12년이 지나서 백제는 불법을 전해 받고 불교가 융성해지면서 사찰 건축이 시작되었다.

이렇게 백제의 불교는 비록 삼국 중에서 고구려보다는 늦었지만 신라보다는 1세기 이상이나 빨랐다. 고구려와 거의 경쟁적인 지위에서 불교를 발전시켜 초기에는 불사를 한산(남한산)에 세워 승(僧) 10인을 입주하게 하였다고 기록되어 있다. 백제는 특히 성왕 대에 불교가 융성하여 552년[37]에는 일본에 처음으로 경론과 번개(幡蓋) 등을 가지고 들어가 불교를 전했다. 중국 양과 교류를 갖고 사신을 보내어 열반경 등 경전을 갖고 들어왔고 526년에는 인도에서 겸익이 오부율(五部律)의 범본(梵本)을 갖고 들어와서 28인의 명승과 함께 율부 72권을 번역하여 백제 율종의 효시를 가져왔다. 이후 백제의 경사·율사 기타 불공·사공·화공·야공·와공 등을 일본에 계속적으로 보내어 일본 불사의 창건에 크게 공헌을 하였다. 또 위덕왕 35년(588)에는 일본의 여승·선신 등 여러 승이 백제에 유학을 와서 3년간 계율을 배우고 돌아가 일본 계학을 펼쳤다. 법왕은 599년에 영(令)을 내리어 살생을 금하게 하는 한편, 민가의 새를 모두 방생하도록 하고 수렵과 어렵의 도구들을 불사르게 하였다. 이 때 계율학 이외에도 천태·삼론·열반 등 교리 연구에도 성행하였다. 그리고 무왕대의 혜현은 삼론을 강하여 이름을 떨치어 입당하지 않고도 속고승전에 그 이름을 전하게 되었다. 또 601년에는 일본에 건너간 관륵이 불교 이외에도 역본과 천문지리 및 둔갑방술의 강습을 하였지만 그는 원래 삼론의 학장으로 일본 불교계의 지주가 되었

다.[38]

610년에 일본에 건너간 고구려 승 담징은 오경과 회화에 능통하여 유명한 법륭사 벽화의 원본을 그린 이라고 한다. 하지만 법륭사의 건축은 백제의 기술에 의하여 이루어진 것으로 추정된다.[39] 또 584년에는 미륵석상을 일본에 전래하여 당시 미륵사상이 발전되었음을 알 수 있다. 이와 같은 사실은 신라 진지왕 때(576~578) 화랑의 미륵선화를 찾으러 진자가 공주 수원사에 갔다가 결국 서라벌 사람을 만나 서라벌에서 원화를 구하였다는 설화[40]와 충청남도 서산에 마애삼존불의 협시보살로 미륵반가사유상이 조각되어 있다는 것 그리고 무왕 대에 익산 미륵사를 건립하였다는 것 등을 들 수가 있다. 이렇게 미륵이란 서양의 메시아적 미래불 사상을 선구적으로 신라와 일본에 전래시킨 것이다. 뿐만 아니라 신라의 호국사찰인 황룡사의 최고 9층탑을 세우는데 백제의 기술자 아비지가 장인들을 데리고 와서 건축하였다는 사실은 7세기 초까지도 백제가 건축문화의 주도적인 역할을 해 왔다는 것을 고증해 준다.

결론적으로 백제의 사찰건축은 삼국시대 태동하여 우리나라의 대표적이며 독특한 건축문화로 발전되었음은 물론, 선진적인 기술과 사상을 신라와 일본 등에 전파시키고 통일신라의 찬란한 건축문화를 이룩하는데 기반이 되었다는 데 역사적으로 중요한 위치를 차지한다.

3. 발굴조사와 가람의 특성

우리나라에서 가람이 처음 이루어진 기록으로는 4세기 말에 고구려 이불란사(伊弗蘭寺)와 초문사(肖門寺)로 기록이 있다. 하지만 이들이 어디에 위치하며 가람의 특징이 어떠했는지는 알려진 바 없다. 그러나 『삼국유사』에 보면 '영탑사에는 팔면 칠층의 석탑이 있었고 요동성 육왕탑은 칠층 목조탑이었다.'고 하여 고구려는 일찍부터 당탑을 구비한 당당한 가람을 이루었음을 알 수 있다. 한편 조사를 통해 드러난 평양 부근의 절터들은 소위 3금당 1탑식의 고구려 가람임이 밝혀졌다.

백제 가람은 초기에는 고구려의 영향을 받은 것 같은데, 초기 한성시대의 절터는 찾아볼 수 없다. 다만 그 전신이 백제 때의 것으로 보이는 한강변의 암사나 경기도 춘궁리 일대의 절터 등이 알려져 있기는 하지만 정밀한 발굴조사가 이루어지지 않아 확인할 수 없다. 지금까지 알려진 백제사찰의 가람은 익산 미륵사지를 제외하고는 1탑식으로 알려져 있지만 초기의 백제사찰 가람은 고구려의 3금당 1탑식이 사용됐을 가능성도 충분히 생각할 수 있다. 공주 지역에서는 대통사터·서혈사터·수원사터·구룡사터 등 여러 절터가 알려져 있지만 발굴조사를 백제의 절터라고 확인된 곳은 없다. 이에 반해 부여 지역에서는 그 유구나 유물을 통해 전형적인 백제의 것으로 밝혀진 절터가 많이 조사되었다.

4. 공주 지역의 절터

공주지역의 백제 사찰은 부여에 비하여 그 수도 적고 조사도 미흡하여 크게 기대되는 바가 없지만 그 대표적인 것을 기술하면 다음과 같다.

1) 대통사터

이 사찰은 백제의 절 이름으로는 최초로 기록에 등장하는 절이다. 즉 『삼국유사』에 의하면 성왕 5년(527) 또는 대통 원년인 529년에 대통사를 창건하였다고[41] 하는데 이는 백제가 불교를 전수받고도 훨씬 후가 된다. 앞의 기록에는 웅천주 즉 지금의 공주에 창건하였다는 기록만 있고 그 위치가 어디인지는 알 수 없었다. 그러나 일본인 학자인 가루베(輕部慈恩)씨에 의해 지목되었던 공주시 반죽동 일대의 당간지주(절의 게양대) 부근이 바로 이 대통사터라는 설이 지배적이었고 또 해방 후에도 많은 학자들도 그렇게 믿었다.

즉 이 절터는 공주시 반죽동과 중동 사이의 시가지 가운데에 위치하며 이곳에서 강당터로 추정되는 기단이 발견되고 그 남측에 금당터와 탑터 그리고 그 앞에서 당간지주 등이 나왔다고 하여 일탑식 가람임이 추정되었다.[42] 당간지주는 높이 3.29m의 화강석재로 되었고, 기단면에 음각된 안상은 백제 특유의 기법을 보인다고 하며,[43] 지주의 안쪽에 당간을 세우고 고정시켰던 펠대 구멍이 있고, 나머지 3면은 윤곽선을

사진 16. 공주 반중동 석조
(국립공주박물관 소장)

양각하고 배면 중앙에 돌기를 새겼다.

지금 국립공주박물관 마당에 놓인 한 쌍의 석조는 이곳 금당터와 강당터로 여겨지는 곳 사이에 놓여있었던 것으로 한 변이 86㎝인 방형대석 위에 복연탱석(지름 71㎝, 높이 35㎝)을 세우고 그 위에 평면이 둥근 석조(높이 71㎝, 안지름 155㎝, 바깥지름 188㎝, 깊이 50㎝)를 올려놓았으며 입면에 새겨진 연화문은 백제 공주시대의 특징을 나타내고 있다.[44](사진 16) 『동국여지승람』에는 이 석조에 창포를 심었던 기록이 있다.

그러나 근래에 이곳을 정비할 목적으로 대통사터로 추정되는 당간지주를 중심으로 한 이 일대를 공주대학교가 시굴조사한 결과, 백제의 사찰 유구로 생각되는 것은 발견되지 않았고, 기타 건물터도 확인되지 않았다. 다만 이곳이 약 2m 깊이에 모래층이 두껍게 깔려 있는 것으로 보아 과거에 하천이었을 가능성이 있음을 시사한다. 당간지주도 일제강점기 때 옮겨다 놓은 것임을 확인하고 통일신라시대의 것으로 설명하고 있어, 이곳은 대통사터가 아니라고 기술하였다.[45] 그렇다면 이곳에서 출토되었다는 백제 8엽연화문 수막새 기와와 '대통' 명의 기와·석조 등은 어떻게 연관지을 것인지 혼돈스럽다. 다만 발굴조사자의 견해 대로 이곳에서 그리 멀지 않은 곳에 '대통사'가 있었을 것이라고 기대할 수 있을 뿐이다.

2) 서혈사터

『동국여지승람』에 기록된 이 절터는 공주시 웅진동 쉬엇골의 망월산 동쪽 사면 중턱에 있는데, 1929년 '서혈사삼보(西穴寺三寶)' 명의 와편이 발견되었고 백제의 단판 연화문 막새가 출토됨으로써 백제의 절터로 보게 되었다.[46] 발굴조사 결과 가람의 배치는 탑과 금당을 일직선상에 정남향으로 배치한 일탑식이며 건물터는 경사면을 약 9m×6m 정도의 규모로 정지한 곳에 있었다. 화강암으로 깎아 정제한 지대석은 절반만 남아 있었고 통일신라시대의 것으로 추정되는 2개의 초석이 확인되었다. 절터에서 북쪽으로 약 100m 떨어진 곳에는 길이 8m, 폭 17m, 높이 4.5m, 넓이 50평쯤 되는 석굴이 있는데 북쪽벽에는 불상을 봉안했던 것으로 추정되는 층대가 남아있다. 탑터는 통일신라시대의 유적으로 조사되었으나 탑 기단 적심의 석축 사이에 교란된 다른 층위가 있어 통일신라 이전의 유구가 있었음을 알려준다.[47] 이 절터에서 옮겨진 석조비로자나불좌상 3기가 국립공주박물관 뜰에 전시되어 있다.

이러한 석굴 형식의 절터로 남혈사터와 동혈사터도 있다.

3) 수원사터

이 절터는 공주시 옥룡동 수원골, 즉 월성산의 북향 계곡 수원골이라고 불리는 곳에 있다. 『삼국유사』 탑상(塔像), 미륵선화 · 미시랑 · 진자사조에 보면 창건 기록과 함께 신라에서 미륵선화를 구하기 위하여 흥륜사의 진자(眞慈)가 이곳까지 왔었다는 기록이 나타나는 것으로 보아 당시 백제의 미륵사상이 앞서 있었음을 알 수 있다.

근래에 부분적인 조사가 이루어져 탑터가 확인되었지만 교란된 초석의 일부와 통일신라 유물인 기와 · 납석제소탑이 나왔다고 한다.[48] 그러나 1989년 말의 발굴조사에서는 소형 동종과 기와편 그리고 청동편 등 대부분 고려시대의 유물들이 출토되었다. 유구 역시 고려 탑터의 2단 기단석과 그 북쪽 약 18m 거리를 두고 낮은 지대에 건물터로 보이는 적심석들이 노출되었다.[49]

이상 공주 지역의 절터 이외에도 금학동 절터와 주미사터, 웅진동 및 정치리 절터 등이 있으나 이들 역시 정식 조사를 하지 않아 여기서는 생략하려고 한다.

5. 부여 지역의 절터

1) 군수리 절터

이 절터는 부여읍 군수리에 소재하여 이름지어진 것이다. 이 절터는 1935~1936년 일본인 이시다시게사꾸(石田茂作)에 의하여 발굴조사 되었다. 보고서에 의하면 남북축선상 남쪽에서부터 기와조각이 많이 출토된 곳이 중문터이며, 추정 탑터는 중문터에서 북쪽으로 약 83척 되는 곳에 있고, 금당터는 목탑터에서 북으로 중심거리 약 80척 되는 지점에, 강당터는 금당터 북쪽 중심거리 약 120척 되는 지점에서 노출 되었다. 즉 이는 일탑식의 가람으로 중문에서 탑터까지의 중심거리와 탑터에서 금당터까지의 중심거리가 거의 같아(고려척으로 70척임) 1 : 1의 비율을 보이고, 또 금당터에서 강당터까지는 약 1.4(고려척 100척) 의 비율로 좀 떨어져 있다. 이러한 가람의 특성은 일본의 난파사 천왕 사나 대화 산전사(山田寺)에서 보이는 당 탑의 거리비와도 거의 같 다.[50](그림 14) 최근 이 절터의 동남쪽 약 100m 지점의 발굴조사에서 이 절터와 관련이 있는 듯한 와적기단의 건물터 2기가 확인되었다고 하니, 이 절터의 경역이 대단히 광범위함을 알 수 있다.[51]

추정탑터의 기단은 사방 46척이며 전으로 그 주위를 돌렸다. 기단변 에는 7곳에서 굴립목주가 타다 남은 방형의 탄흔으로 노출되었다. 보 고서에는 목탄구가 탑의 차양칸을 세웠던 자리 같다고 하였으나, 당시 방형 초석을 사용한 것으로 보아 기단 내의 차양칸이 아닌 목탑의 변주

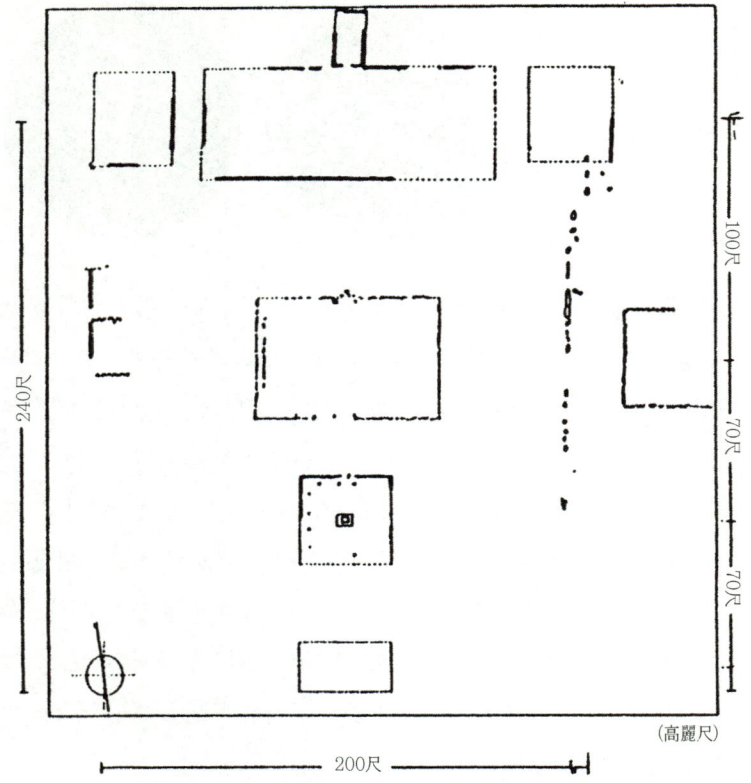

100尺

70尺

70尺

240尺

200尺

(高麗尺)

그림 14. 부여 군수리절터 배치도

자리일 수도 있을 것이다(추정 5칸×5칸). 탑 중앙의 지표하 6척 되는 곳에서는 한 변이 3.1척 되는 방형 심초석이 노출되었고, 그 위에서 금동불상 석인상 금환[금가락지]·소옥 등이 함께 출토되었다.

사진 17. 부여 군수리절터 출토 막새

　금당터의 기단의 크기는 동서가 약 90척, 남북이 60척이며 기와를 세워서 쌓은 와적기단으로 형성되었는데 남쪽 면은 '八'자형으로 중첩해 쌓았고, 다른 세면은 세로 쌓기를 하였다. 이 금당터는 정면이 9칸으로 추정되었다고 하며, 여기서는 파리옥·금동령 등이 출토되었다.

　강당터 또한 와적기단으로 이루어졌는데 그 규모는 동서 150척, 남북 60척이다. 또 강당 북측에는 북쪽으로 통하는 복도터가 노출되었다. 강당터 동·서 양변에서 약 16척 떨어진 지점에서는 종(鐘) 경루로 추정되는 방형의 건물터가 나왔다. 또 남북축선에서 동·서쪽으로 각각 115척 가량 떨어져 남북으로 나란히 깔린 납작한 돌이 나타났는데 이것은 회랑터로 추정되었다.

　이 절터에서는 두 종류의 평와가 출토되었는데, 전면 중앙에 횡선을 한 줄 긋고, 그 하부에 손으로 눌러 凹凸무늬를 만든 것과 선이 없이 지압 무늬만을 넣은 것들로 분류된다. 이러한 기와는 집안(輯安) 고구려 대왕릉에서 발견된 것과 일본 대화경사(大和輕寺)·근강설야사(近江雪野寺) 등에서 발견된 것과 같다. 팔엽판 연화문 막새는 자방(子房) 안에

사진 18. 부여 군수리절터 중공상자형유문전
(국립부여박물관 소장)

연자(蓮子)를 9과 둔 것과 자방을 크게 하고 연자를 5과 둔 것 등 여러
종류가 출토되었다. 전자는 탑터 주변에서, 후자는 금당터 주변에서 출
토되었다고 한다.(사진 17) 연목와도 팔엽소판 연화문이며, 이곳에서
출토된 전돌 중 현재 국립부여박물관에서 보관하고 있는 중공상자형유
문전[현대 블록 같이 생김]은 백제만이 사용했던 독특한 것이다.(사진
18)

이상에서 살펴본 가람과 유물 등은 일본 아스카시대 사찰의 가람 형
식이나 막새 등과 공통된 점이 많아 백제 사찰 건축문화가 일본에 지대
한 영향을 끼쳤음을 알 수 있다.[52]

2) 동남리 절터

충남 부여읍 동남리에 있는 절터로서 군수리 절터 북쪽에 좀 떨어진
곳에 위치하고 있다. 절터 동북쪽으로 부소산성이 있고 서북으로는 나
성이 놓여 있어 정림사터와 군수리 절터를 연결하는 부여의 중심 위치

에 있었음을 알 수 있다. 이는 1938년 이시다에 의하여 조사되었다.[53)]
이 절터는 탑이 없는 남향 가람으로 알려져 있다.

보고서에 의하면 금당터의 기단은 동서 100척, 남북 70척으로 확인되었는데 그 주변에는 얇은 편마암판을 군데군데 세워서 묻어두어 토단이 무너지지 않게 하였고, 기단 정면 외곽에는 활석을 3자 폭으로 깔아 펴서 낙수에 대비한 것 같았다. 기단 상부의 초석이나 적심석은 모두 훼실되었고, 와편만 흩어져 있었다고 한다. 또 건물터 앞쪽에서 약 12척 떨어져 동·서로 대칭되게 수조를 만들었는데 바닥에는 평와를 깔고 주위에는 석축을 돌려 쌓았다.

강당터는 금당터의 기단 북쪽에서 70척 떨어져서 위치하며 동서 174척, 남북 70척 규모의 건물터로 밝혀졌는데, 금당터와의 사이 중앙에는 작은 돌을 깔아 만든 폭 12척의 포장도가 있다. 또 기단 전면 외부에는 금당터와 같이 폭 3척으로 잡석을 깔았다. 이 잡석 위에는 동·서로 대칭되게 수조형 유구가 놓여있는데 그 규모는 금당터 앞에 있는 것과 같았다.

중문터는 금당터 남변에서 남으로 약 70척 떨어진 거리에서 노출되었다. 그 규모는 동서 56척, 남북 40척이다. 중문의 좌우면에는 남회랑이 연결되어 있고, 이는 북으로 각각 꺾여 올라가 동·서 회랑터를 이루었으며 북측으로 220척까지 연장되다가 강당터 양측에 놓인 작은 방형 건물터에 연결된다. 특히 남회랑터에서는 폭이 2~3척 되는 판석을 덮은 배수유구가 남북으로 관통하고 있어 주목을 끌었다. 전기 강당터 양

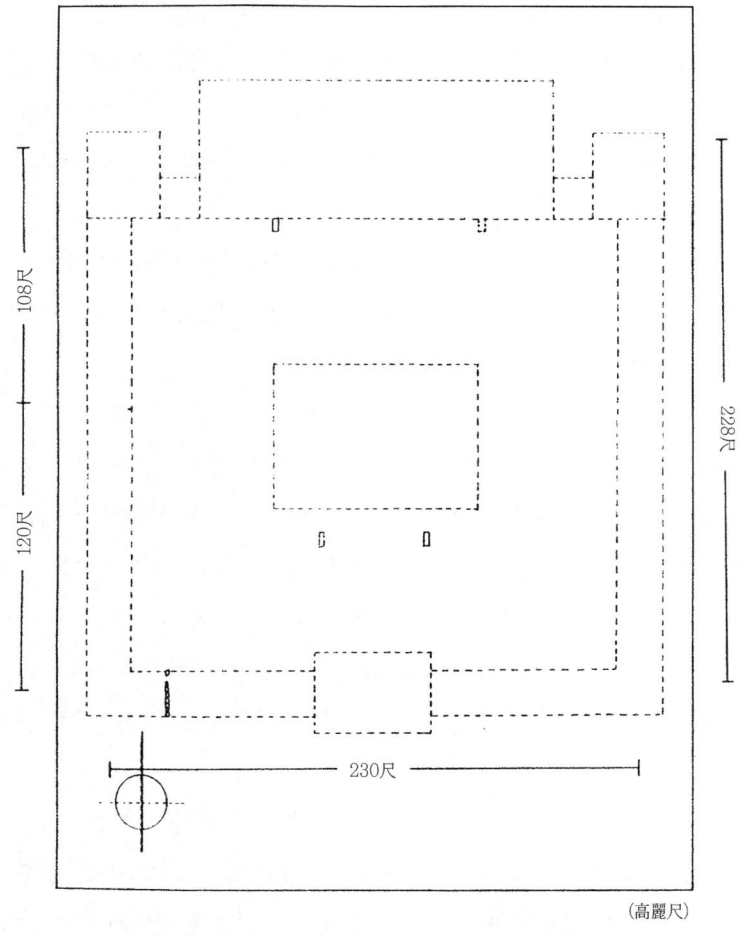

그림 15. 부여 동남리절터 배치도

측에는 종 경루터로 추정되는 소형 건물터가 회랑터 외변과 같은 선상에 놓여 노출되었다.(그림 15)

이 때 출토된 막새 종류는 군수리에서 출토된 것과 같은 시대의 것으로 추정되며, 그 종류는 다양하여 연판이 9엽에 6과를 둔 특이한 것도 있었다. 또 이 절터에서는 '천왕(天王)' 명의 와편도 출토되었다고 한다.

이와 같은 보고에도 불구하고 근년(1993년)에 충남대학교 발굴조사에서 의하면 위와 같은 자세한 건물터를 확인할 수 없었으며 일부 유구만을 확인하였는데, 그 내용은 다음과 같다.[54]

우선 일제강점기 때 조사한 바로는 추정 금당터와 강당터 앞 동·서에 수조가 놓여 모두 4개가 있었다고 하는데, 발굴조사 결과 금당터 앞 동쪽 수조만 남아있었다. 이 수조도 최하단의 돌 한층만 남아 있는데 바닥에는 깨어진 평기와를 깔았고 바닥에 모래 등의 수성 퇴적물이 전혀 없으며 돌 결구에 빈틈이 많은 점을 고려하면 물을 담았던 수조로 보기에는 무리가 있다고 한다. 또 강당터 앞의 수조 역시 깊이 20㎝ 정도의 토광만 남아 있으며 동쪽 수조는 일제시대 발굴 당시, 단지 추정한 것에 불과한 것 같다.

금당터 조사에서는 그동안 경지정리로 인하여 건물터의 동·서·남쪽이 파괴된 탓으로 기단의 경계를 찾지 못하였다. 다만 기단 내부로 보이는 곳에서 생토를 방형으로 파고 순수한 점토를 넣어서 다진 방형 다짐토 유구가 드러났다. 이 유구는 남북 4열, 동서 5열로 모두 20개가 배열되어 있음을 확인했다. 다짐토의 크기는 각변이 169~180㎝ 정도이고 깊이는 30~50㎝ 정도로 규칙성 있게 배열된 점으로 보아 적심토로 추정되므로 이를 기둥자리로 추정한다면 금당터는 정면 5칸 측면 3칸인 건물로 추정된다. 강당터는 동서의 기단열로 보이는 유구(강당 터의 기단 열인지 회랑 터의 것인지 확실하지 않음)가 약 15m 정도 남아 있을 뿐이었다. 이 외에도 탑터와 중문터 그리고 회랑터를 찾아보려 하였지만 확실한 유구가 나타나지 않아 일제강점기때 발굴 조사한 평면이 상당 부분 추정에 의한 그림이었을 것으로 생각된다.

3) 금강사터

이 절터는 부여군 은산면 금공리 금강천을 앞에 두고 월미봉 산록에 동향하여 위치한 절터이다. 이 금강천(琴江川)을 『대동여지도』나 『동국여지승람』에서는 금강천(金剛川)이라 하였기 때문에 금강사터로 부른다. 1964년과 1966년 2차에 걸쳐 국립박물관에서 발굴조사 하였다.

이는 남북 150여m, 동서 약 170m에 달하는 넓이 7,800여 평을 이루는 백제의 일반적인 일탑식 가람으로, 회랑 밖 북쪽과 서쪽에는 승방터가 있었다. 즉 가람 중심축을 통과하는 기준선은 창건시 중문 탑 금당 강당터로 연결되며, 이들 중심 사이의 거리는 고려척으로 67척 : 65척 : 135척이 되어 1 : 1 : 2 의 비율을 이룬다.(그림 16) 이러한 유구의 모습을 발굴보고서[55]의 내용을 통해 개괄해 보면 다음과 같다.

금당터는 전면 발굴하였으나 기단석 일부와 기단토만이 남아있고 초

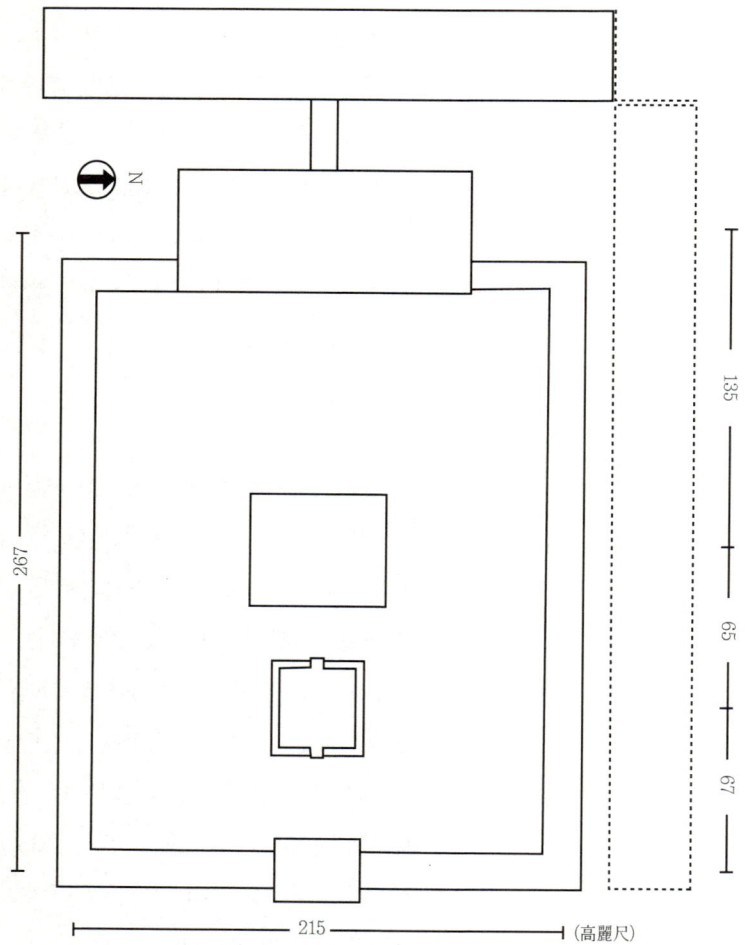

그림 16. 부여 금강사터 배치도

석은 하나도 없었다. 기단토는 기단 최초의 조성 판축토가 3척 두께로 남아 있었고, 그 상층에 재건기단으로 와편·석괴 등을 포함한 층이 1.3척 두께로 덮여 있었으며, 그 위에 흑색의 부식토가 1.5척 두께로 깔려 있어 적어도 3회 이상 중건이 이루어졌던 것으로 추정되었다. 또 초기의 기단 판축토 범위로 보아 당초에는 남북 70척, 동서 59척의 판축 위에 세워졌던 것이며 후대에는 위치를 북쪽으로 옮겨 건물을 중창하였음을 알 수 있다. 보고자는 창건 기단 위에 초석 적심석군에 대해 상세한 이야기를 하지는 않았으나, 사진으로 보아 미륵사터의 회랑이나 승방터의 초석을 놓은 방법과 같이 초석을 안치할 때 초석 밑을 원형으로 파고 적심석을 쐐기형으로 돌려 박은 형식을 취하고 있음이 추정된다. 기단의 높이는 약 3척 정도로 추정되며, 지대석은 미륵사터·왕궁리 유적·능산리 유적의 기단에서 볼 수 있는 것처럼 면석을 앉힐 턱을 깎아놓았다. 기단은 중간에 탱주 없이 우주를 세우고 지대석 위에 면석과 갑석을 올려놓는 형식으로 추정되는데, 이는 미륵사터나 일본의 법륭사 5층탑·금당 등 백제계의 기단에서 특히 볼 수 있는 예이다. 또한 기단 외주에는 장방형 판석을 깔았으며, 서면 중앙에는 계단터가 있다.

목탑터는 금당터에서 동쪽으로 약 53척 떨어진 지점에 위치하였는데, 이것은 재건된 금당과의 거리이고 창건기단과의 간격은 약 28척이 된다. 탑터 역시 3차에 걸쳐 중창되었음이 확인되었는데, 최종 유구에서 고려청자가 출토되어 고려시대까지 존속되었음을 알 수 있었다. 초창의 기단토는 황갈색의 점질토로 두께 6cm 내외의 판축으로 다졌는데, 크기는 47척×47척에 깊이 약 6척 정도로 다짐봉은 압흔으로 보아 직경 3~4cm임이 알려졌다. 이와 같이 판축의 다짐 흔적은 근년에 익산 왕궁리 5층 석탑 주위에서도 확인된 바 있다.

강당터 기단의 규모는 남북길이 150척, 동서폭 63척으로 건물터 대부분이 깎여 석재는 볼 수 없지만, 기단석을 세웠던 흔적은 찾을 수 있다. 여기서는 판축을 사용하지 않고 원래의 지면을 생토층까지 평탄하게 깎아내고 그 위에 축성한 것으로 적갈색과 황갈색의 흙 두께가 약 1.3 척이고, 기단 주위로는 황회색 사질토를 약 5촌 두께로 깔아 구지표로 삼은 것 같다. 강당과 금당과의 기단 사이 간격은 88척이지만 초창기 금당과의 간격은 103척이나 되었다.

중문터는 탑터 동쪽으로 약 41척 떨어져 있다. 기단의 규모는 남북길이 44척, 동서폭 35척이며 기단은 판축으로 다졌는데 지하 2.5척을 넘는 깊이에 구축하였다.

회랑터는 유구의 유실이 심하여 부분적인 조사가 실시되었는데, 남측의 회랑터는 중심축에서 남쪽으로 116척 거리에 내측 기단변이 노출되었고, 서회랑터는 강당 남북변 동단부에 접속되었다.

승방터는 강당터 서측에서 발굴되었는데 길이가 292척이고, 폭은 동서로 46척이나 되었다. 이 강당터와 승방터 사이에는 길이 약 35척에 폭 13.5척인 복도터가 노출되었고 이를 횡단하는 막돌 배수구가 있었다고 한다. 또 북회랑터 밖에 인접간격 약 12척을 두고 동서로 길게 뻗

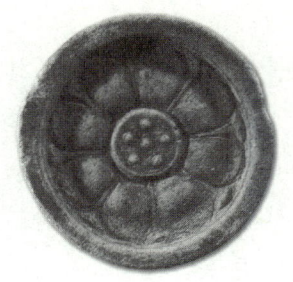

사진 19. 부여 금강사터 출토 막새

사진 20. 부여 금강사터
출토 서까래기와

은 건물터가 노출되었는데 적심석 열만 남아 있었다. 그 길이는 148척, 폭은 43척이었다. 남회랑터 밖에도 이러한 건물이 있을 가능성도 있겠으나 지반이 유실되어 흔적을 찾을 수 없었다고 한다.

초석은 백제 것으로 보이는 것 몇 개가 출토되었다고 하는데 화강석으로 만들어져 원형의 주좌를 둔 원형초석이다. 주좌의 직경은 1.95~1.98척이고 주좌를 세긴 높이는 0.8척이며 초석 전체의 높이는 1.1척과 1.3척 및 1.7척인데 원형주좌 밑에는 별로 가공을 하지 않았다고 하지만 사진의 적심석 놓임으로 보아 미륵사터의 팽이형 초석으로 믿어진다.

한편 여기서 출토된 기와류를 보면 여러 종류의 수막새와 암막새·서까래기와 등이 출토되었다. 수막새는 대부분 백제의 것으로 단판팔엽의 자방 내에 9과를 둔 부여 형식의 와당이다. 또 암막새는 무늬가 당초문이나 화엽문 등인 것으로 보아 통일신라시대의 암막새로 추정하고 있지만 필자의 견해로는 연주를 두지 않은 귀면문 등은 백제의 것으로 추정된다.(사진 19·20)

4) 정림사터

충남 부여읍 중심부에 있는 정림사터에 대한 학술조사는 이미 1942년에 총독부박물관의 후지사와(藤澤一夫)에 의하여 부분적으로 이루어졌으나 보고서는 나오지 않았다. 이에 대하여는 소위 일본의 사천왕사식의 일탑식 가람과 같다는 것이 알려져 그림화 되었고, 이후 1979년과 1980년에 충남대학교 박물관에서 발굴조사하여 주요 유구가 밝혀지게 되었다. 절터 중앙부에는 정림사지 5층 석탑이 세워져 있다. 발굴조사서[56]를 참고로 그 성격을 살펴보면 다음과 같다.

중문터는 석탑에서 남쪽으로 19.9m 거리에 있었는데 가람 남북 중심축선에서 약 12cm 치우쳐 놓였다. 지표 아래 20~30cm에서 적심석군이 전·후열에 4개소씩 남아 있어 정면 3칸, 측면 1칸이었던 것으로 추정했다. 적심석은 기단토를 원형으로 판 다음 여기에 괴석을 깔았는데 적심층은 두껍지 않게 1층만이 남아 있던 것으로, 그 직경은 1m 내외에서 어느 것은 2m가 되는 것까지 있었다. 기단토는 황갈색 점질토로 성토하여 조성된 것으로 추측되었으며, 이것은 절터의 부지 하부 조성토와 같은 것이었다고 한다. 이밖에 보고서의 그림과 사진을 보면 중문터 서쪽에서 동쪽으로 거의 중앙부를 통과하는 구(溝 : 폭 약 50㎝)가 나타나는데 그 성격이 밝혀지지 않았다. 다만 이는 후측 적심석 내외에서도 길게 뻗다가 없어지는 것으로 보아 건물 하부에 흐르던 지하수의 배수구가 아닌가 한다.

금당터는 석탑에서 북쪽으로 중심거리 26.27m에 위치하였으며 가람축에서는 서쪽으로 24㎝ 치우쳐 있었다고 한다. 발굴결과 금당터는 기단으로 추정되는 가운데 부분은 거의 깎여 있었고 건물터의 주변 초석 적심석만이 노출되었는데, 이 변주 적심석은 기단 내의 것보다 낮은 것이었다고 믿어지므로 2중 기단이었을 것으로 추정된다. 정림사의 금당터는 이 차양칸의 적심석군이 비교적 잘 남아있어 그 주칸수를 헤아릴 수 있는데 정면이 7칸, 측면 5칸이라 한다. 따라서 상층기단 위에는 정면 5칸, 측면 3칸의 목조건물이 세워졌을 것으로 믿어진다.

이러한 2중 기단의 수법은 삼국시대에 흔히 쓰였던 형식으로 황룡사 금당터[57] · 부소산성 서복사 금당터 · 부여 금강사 목탑터 등에서 볼 수 있었다. 또 일본의 비조사(飛鳥寺) 금당터나 약사사(藥師寺) 금당터에서도 2중 기단으로 추정되어, 이 형식이 백제에서 일본으로 전해진 것으로 추정된다. 이 이중기단은 일본에서 소위 모꼬시(裳階)라고 하여 고대가람에서만 볼 수 있는 특별한 형식인데, 차양칸으로 건물 내부의 직사광선을 피하고 접근의 위계를 만들의 중요건물의 위엄을 나타내려는 의도에서 만든 것이라 믿어진다. 즉 건물에서 외부와 직접 접하는 것을 피하려고 완충공간을 형성하는 뜻도 있고, 아무나 드나들 수 없도록 하는 불교의식의 위엄성도 표현한 것이라 볼 수 있다.

강당터는 금당터 북쪽에서 31.7m의 거리를 두고 위치하며, 1994년에 소위 백제건축 양식을 추정하여 건물을 복원하였다가 구조적 결함으로 2001년에 개축하였다. 그 중앙에는 고려시대의 석불좌상이 놓여 있다. 발굴조사 결과 몇 번에 걸친 개축 및 중창이 이루어진 것으로 추정되며, 원래의 기단토에서 35㎝ 두께로 보토한 후 중창기단을 이루었던 것 같다. 1980년에 발굴조사된 보고서에서도 건물터의 주칸을 정면 7칸, 측면 3칸으로 추정하고 있다. 그 후에도 강당 복원을 위하여 발굴조사한 결과 창건기단과 초석 등이 확인되었다. 기단의 규모는 동서 27.05m, 남북이 13.1m로 추정되고 재건기단 역시 창건기단과 비슷했으리라 믿어진다. 강당 서편에는 와적기단이 확인되기도 하였다.

여기서 출토된 초석을 보면 방형주좌를 가진 방형초석과 원형주좌를 가진 원형초석 등이 있다. 그 중에는 익산 미륵사터 강당터에서 볼 수 있었던 방형 초석 위에 원형주좌를 하고 밑이 팽이처럼 둥글게 좁아지는 형식의 것과 원형초석 역시 미륵사터 승방터에서 출토된 것과 같이 평이하게 몰딩의 주좌에 밑이 팽이같이 된 것이 특이하다. 그러나 복원을 위한 조사에서 초창의 초석은 방형 초석이었음을 알 수 있었다. 이러한 초석들은 백제에서 흔히 사용한 독특한 초석 형식으로 그 밑 주위를 적심석으로 쐐기 박듯이 고여 놓아 정초하였으므로 적심석을 성글게 놓는 것이 특징이다. 그러나 이곳에서는 적심석이 일부 깔렸음이 특이하다.

회랑터의 발굴조사에서는 동회랑터 일부와 서회랑터 일부에서 적심석들이 노출되었는데, 주칸거리는 도리칸이 3.85m, 보칸이 4.2m 정도였다 하며 기단의 너비는 약 5.2m로 측정되었다. 이들 동·서회랑터는 가람 중심축선에서 동쪽으로 22.5m, 서쪽으로 22.57m 떨어져 있다. 이번 발굴조사에서 북회랑터는 없었고 강당 양측에 작은 건물지가 있었던 것으로 추정됐다.

석탑 주변의 지반은 강당 터보다 석탑 주위가 더 낮아져 40㎝ 정도의 차이가 있었다. 석탑의 하부조사를 통한 기단 조성 방식 및 석탑의 구조적인 특징은 차후 탑파 건축을 다루는 장에서 이야기하려 한다.

출토된 유물 중 건축과 관계되는 것으로는 와편류를 들 수 있다. 막새로는 주로 백제시대의 단판8엽 연화문에서 통일신라시대의 복판 연화문, 또 그보다 시대가 더 떨어지는 단판 연화문·세판 연화문 등의 막새가 출토되었고, 연목와편·암막새·치미편 등 많은 종류가 나왔다. 특히 이중에서 '태평팔년무진정림사대장당초(太平八年戊辰定林寺大藏當草)'란 명문와편도 몇 개 출토되어, 사찰명이 '정림사'이고 1028년에 대장전을 중수하였음을 알려주었다.

이상 이 절터의 가람은 전술한 군수리 절터와 금강사터 등과 같이 일탑식 가람이다. 그러나 여기서 보고서에 기술된 바와 같이 석탑의 건립

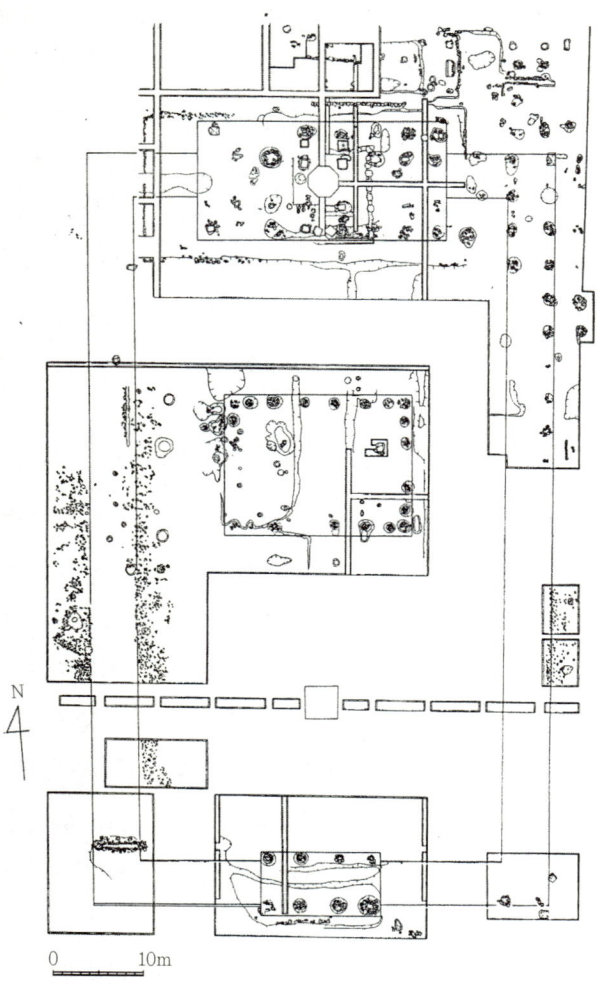

N

0   10m

그림 17. 부여 정림사터 배치도

사진 21. 부여 정림사터 전경

연대가 창건대의 것이라는 주장에 대하여는 이의를 제기하지 않을 수가 없다. 곧 사찰의 창건연대는 다른 유물의 편년으로 보아 6세기 중 말엽으로 추정되는데, 이 석탑은 그렇게 이른 수법으로 보기가 어렵다. 왜냐하면 미술사적으로 고찰하면 미륵사터 서탑에서 보이는 가구식의 짜임보다도 상당히 발전된 양식을 보이고 있으며, 다른 백제의 가람에서 흔히 볼 수 있는 중문터와 탑자리 그리고 금당터와 강당터 간의 거리 비율이 1 : 1 : 1.5 또는 1 : 1 : 2 등의 비례에서 벗어나는 고려척의 거리 55척 : 75척 : 90척을 보이고 있기 때문이다. 만일 탑의 위치를 북쪽으로 15척 옮기면 1 : 1 : 1.5가 되므로, 탑의 위치가 옮겨졌을 가능성을 시사하는 것일 수도 있다.(그림 17) 또한 석탑 밑을 점토질의 판축기법으로만 당초부터 계획하였다는 것은 다른 석탑의 예를 찾아보더라도 믿어지지 않으며, 오히려 왕궁리 석탑터에서 보듯이 선대에 목탑

이 있었을 가능성을 시사한다고 할 것이다.(사진 21)

5) 부소산 서복사터

부소산 서쪽 기슭에 있다 하여 이렇게 부르고 있다. 부소산 서쪽에 있는 입구 문을 지나 진입로를 따라 300m 쯤 올라가면 서 나성 근처에 평평한 지대가 있는데 이곳이 바로 서복사터이다.

1942년 일본인 요네다(米田美代治)와 후지사와(藤澤一夫)에 의해 발굴되었으나 보고서를 발간하지 않아 자세한 것은 알 수가 없다. 그러나 1980년 국립문화재연구소와 국립부여박물관의 공동발굴로 중문터·목탑터·금당터·회랑터가 남북 자오선상에 위치해 있고 강당이 없는 특수 가람으로 밝혀졌다.(사진 22)

금당터는 정방형에 가까운 장방형으로 부식암층을 깎아내어 조성하였다. 즉 기단은 부식암층을 파서 단을 이루었는데 이것이 소위 이중기단에 차양칸을 이루었던 자리인지 확실하지 않았다. 기단의 규모는 정면 16.3m, 측면 13.6m이며 기단의 전후 중앙에는 계단터가 있었다. 기단 측면에서는 중앙에서 약간 남쪽으로 치우쳐 계단이 놓였다. 주위에는 지대석을 놓았던 홈이 돌려져 있었고 군데군데에 적심을 놓은 흔적도 보였다.

목탑터는 금당터와 중심거리 17.5m 남쪽으로 떨어져 있다. 기단은 금당과 같이 부식암층에 조성한 것으로 보이며, 기단석의 기초를 조성하기 위해 부식암층을 폭 50cm, 깊이 15~20cm로 돌려 팠다. 기단의 규

모는 한변이 8.2m이며 지반은 금당터보다 낮은 위치에 놓여있다. 중앙부에는 심초를 놓았던 곳으로 생각되는 지름 120cm의 구덩이가 얕게 패어 있었다.

중문터는 탑자리 남쪽에 있어 기단의 남면 석렬선이 뚜렷하게 나타났는데, 탑터 중앙에서 이 선까지의 거리는 17.5m였다. 중문터의 남쪽은 급히 경사져 떨어져 있었으며, 중문 터 기단의 전면에서 남쪽으로 약 19m 떨어진 경사면 아래에서 잡석렬이 발견되었고 주위에서 많은 기와편과 토기편이 흩어져 있어 남문터로 추정되었다.

절터의 동·서부가 경사지로 깎여 대부분의 회랑터는 유실되었으나 금당 서변 기단에서 서쪽으로 약 4.6m 떨어진 곳에 부식암층을 폭 70cm, 깊이 약 30cm 가량 파고 그 안에 백제 평와를 중첩하여 만든 와적열이 노출되었고 여기서 와적 중심거리 약 3.8m 서쪽으로 떨어져 또 한 줄이 노출되었다. 금당터 동쪽에는 중문터의 동쪽 기단석렬과 나란히 3개의 원형초석이 놓여 있고 주변에서 와편이 많이 출토되어 회랑터로 추측되었다.

출토유물로는 백제막새 두 종류와 목탑터 중심부에서 발굴된 금동제 허리띠 장식 등이 있다.

6) 임강사터

부여읍 현북리 임강 부락 백마강변에 있는 절터로, 북쪽에 국사봉을 위시하여 산봉우리들이 병풍을 두른 듯이 두르고 있고 남쪽에는 백마강이 흐르는 절경 속에 위치해 있다. 조선시대까지도 '임강원터'라 하여 부여에서 석성 · 논산 · 강경 등으로 통하는 길목에 놓여 있었다. 부근에는 왕이 유흥하던 희어대가 있다.

절터는 조금 높은 구릉을 형성한 대지 위에 있고, 건물은 상 · 하단으로 구획한 석축 위에 배치한 듯 하였다. 이곳에는 가공석재와 와편 · 방형 초석 등이 흩어져 있었으며, 특히 방형 초석은 익산 미륵사터에 있는 것과 비슷했다고 한다. 1964년 동국대학교 박물관에서 조사한 바에 따르면 석축 상단에 금당터로 추정되는 유구가 노출됐는데, 이는 주칸거리가 약 3.6m인 정면 5칸에 측면 4칸의 건물터로 2중기단을 하였음을 확인하였다.[58]

출토유물은 연화문막새 · 치미편 · 토제불상편 · 금동금구 · 석탑의 상륜편 · 연목와 등이 있다. 특히 막새는 정선된 담회색 태토로 만들어졌으며 8엽 연화문에 자방에는 연자 5과를 두었다. 이것은 군수리나 동

사진 23. 부여 외리
절터 출토 전(塼)

남리 절터에서 출토된 것과 유사한 것으로서 6세기 말에 백제에서 흔히 쓴 것이다.

 백마강변에 위치한 백제의 절터는 이 외에도 호암사터·왕흥사터·외리 절터·청룡사터·군수리 절터 등이 있는데 강 양안에 산재하고 있는 것이 특이하다.

7) 외리 절터

 부여 규암면 외리에 있는 절터로 1937년 8종류의 문양전이 출토된 유적이다. 이들 출토된 전(塼)은 산수산경문전을 비롯하여 봉황문전·반룡문전·산경귀형문전·연화귀형문전·유운문전 등 백제의 예술문화를 파악하는데 대단히 귀중한 자료들이다.(사진 23) 이 절터는 발견 당시부터 유구가 심하게 파손되었고 전하는 말에 의하면 남북 일직선상에 배치되었다고 한다.

8) 용정리 절터

부여 용정리 청마산성 입구의 중심부에 위치한 절터로, 백제막새가 많이 출토되었으나 그동안 개간으로 인해 유구가 많이 유실되었다. 근래(1991~1992년) 국립부여문화재연구소에서 발굴한 결과 목탑터를 비롯하여 금당터 등 유구가 노출되었고 백제 초석과 와당 등의 유물이 출토되었다.

목탑터는 훼손이 심하여 상층부로 보이는 토단 일부만 노출된 상태에서 토층조사를 실시하여 그 축성의 특징을 밝혔다. 우선 성토층 최상면에서 3.5m까지 계단식으로 매립층을 되파기 한 후, 하부의 원지형 퇴적토는 굵은 모래층으로 이루어 물빠짐이 용이하게 하고, 여기에 1.6m 두께로 점토와 사질토를 교차하여 두껍게 판축한 다음, 상층부는 정제된 점토와 사질토·암반풍화토를 혼합하여 층층이 수평이 되도록 약 1.9m 두께로 판축하였다. 판축은 약 40단을 이루었는데 최하층에서 높이 1.6m와 2.6m 되는 곳에 두께 0.5~1.0cm의 산화철로 이루어진 층이 발견되었다. 이것은 분석결과 당초에는 철분이 들어있는 금속판을 깔았던 것으로 믿어졌다. 그런데 이와 같이 목탑 기초로 판축을 하면서 금속판을 2층으로 깔았던 예는 여기서 처음 발견되었으며, 신기한 기법이다. 아마 지습의 상승을 방지하고 판축층을 한층 더 견고하게 하기 위한 시공으로 주목된다. 조사결과 기단의 규모는 한변이 약

18.5m로 추정되었고, 기단토의 높이는 1.5m인 것으로 보아 높은 기단임을 추측할 수 있었다.[59] 금강사 목탑터에서도 기단토 높이가 약 1.5m나 되어 이를 이중기단으로 추정했다. 다만 이곳에서는 심초부 흔적이 밝혀지지 않아, 당초에 심초를 기단 위에 놓은 백제 후대의 형식을 한 것인지 확실하지 않다.

금당터는 기단 밑의 부석열로 보아 동서가 약 30.75m, 남북 20.19m에 이른다. 원래 금당 유구는 이미 삭토되어 그 위에 다시 재건된 유구가 있다. 그러나 그 규모는 초창기의 기단보다 약 1.5m 더 크다. 탑과 금당 터의 중심간 거리는 약 46.55m이다.

출토유물 중 중요한 것은 연화문 수막새라 할 수 있는데, 특히 금당터에서 출토된 연판이 두둑하고 끝이 뾰족하게 양각된 8판 연화문 수막새는 시기가 이른 6세기경에 속하는 와당이다. 이러한 유물의 성격으로 보아 이 절터는 6세기에 건립된 것으로 추정된다.(사진 24)

9) 왕흥사터

부여 규암면 신구리 속칭 왕은리에 있다. 부락 남쪽으로 백마강을 건너 낙화암을 바라보며 북쪽 잠성을 배산으로 하여 남향한 평지에 위치한다. 이곳에서 1934년에 '왕흥(王興)'이란 명문와가 출토되었다.[60)

이 절터는 『삼국유사』에 자세히 기록될 만큼 백제의 중요한 위치를 차지한다. 즉 『삼국유사』 법왕 금살조의 기록에 의하면 '사비성에 왕흥사를 창건하였다. 왕이 시작하여 승하하니 무왕이 계승하였다. 그 절 역시 미륵사라 하였다. 산을 곁에 두고 강을 임하여 꽃과 나무가 수려했고 사계가 아름다웠다. 왕은 매번 배를 띄워 강을 따라 절에 드는데 그 형승이 장관이다.'라고 하여 '왕흥사' 역시 '미륵사'라고 불렀다는 것과 '기사임수(其寺臨水)'라고 하여 익산군의 미륵사와는 다른 절임을 시사한다. 그러나 학자에 따라 익산의 미륵사도 바닷물에 의하여 물가에 있었다고 주장하는 이도 있다.

2000년도에 국립부여문화재연구소에서 발굴조사하기 전 절터 중심부에서 백제시대의 것으로 보이는 3개의 방형 초석과 그 뒤쪽 좀 높은 평지에 2개의 방형 초석 및 자연석렬이 남아 있었다. 절터 동편에는 길이 10m, 높이 1.5m의 석축이 남아 있었지만 연대는 좀 뒤인 것으로 보고되었다. 그러나 추정 사역 중심부의 동편 일대를 2000년도에 1차 발굴조사한 바, 굴토한 흔적들이 곳곳에서 확인되었으나 사찰과 관련된 유구는 확인되지 않았으며 대부분 층위가 교란된 상태였다.[61)

2001년도에는 지표상에 초석들이 산재하고 있어 강당터로 추정되어

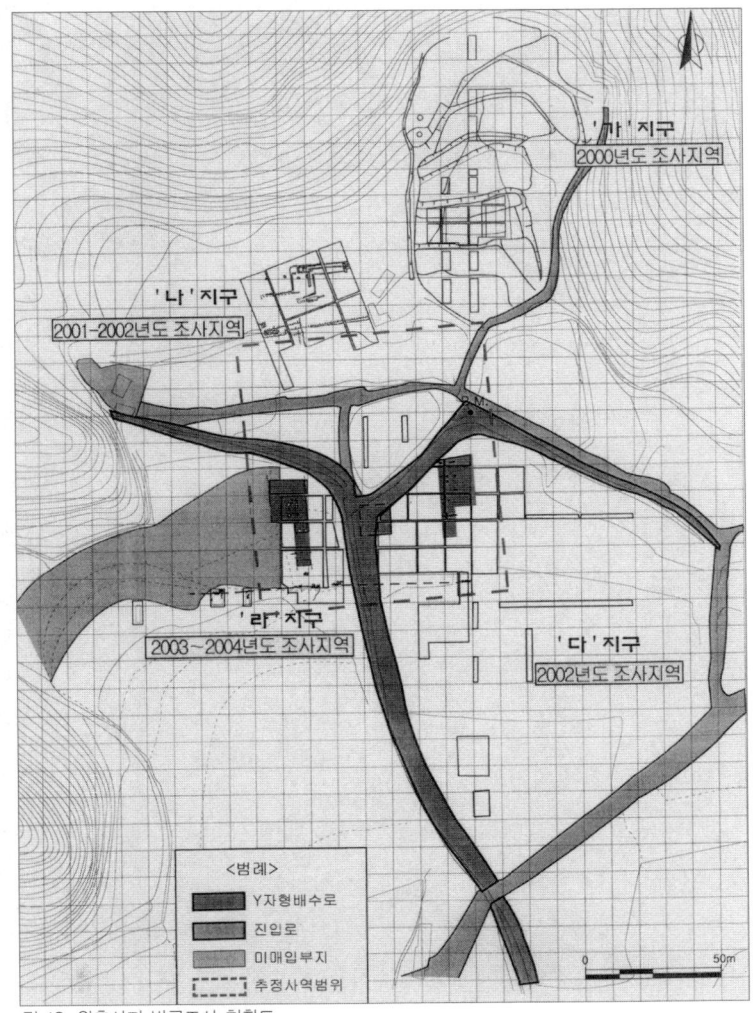

의 내부 라벨:

'가'지구
2000년도 조사지역

'나'지구
2001~2002년도 조사지역

'라'지구
2003~2004년도 조사지역

'다'지구
2002년도 조사지역

<범례>
Y자형배수로
진입로
미매입부지
추정사역범위

0   50m

그림 18. 왕흥사지 발굴조사 현황도

사진 25. 부여 왕흥사터 출토 막새

오던 곳을 조사했다. 이곳은 지형의 고저차로 인해 2단으로 형성되어 있는데, 윗단은 전체적으로 풍화암층을 이룬 지반으로 여기에 노출된 석축시설과 건물터 등은 고려시대의 것이거나 조선시대의 것으로 추정되었다. 다만 여기서 '왕흥' 명 기와가 출토된 점으로 보아 왕흥사는 고려시대까지 작은 규모로 명맥을 유지했던 것으로 추정된다. 남측의 아랫단은 윗단에 비하여 민가가 들어서면서 주변 지형들이 상당 부분 깎이거나 변형되었지만 지표 밑 약 2m 지점에서 석렬 유구가 포함된 백제시대의 유구층이 확인되었다.

실제로 2002년에 행해진 남편 평탄지 일대에 대한 조사 결과 백제시대의 와적 기단·건물터 등 건물터 2기가 확인되었고, 백제의 전형적인 와당이 많이 출토되었다. 또한 2004년에는 서회랑터와 목탑터로 보이는 유구 일부가 확인되어 앞으로 이들을 중심으로 확장 발굴조사를 한다면 백제시대의 왕흥사 가람을 밝힐 수 있으리라 기대된다.(그림 18

· 사진 25)

10) 오합사와 성주사터

『삼국유사』에는 '오회사'라고 기록되어 있다. 그간 오회사는 위치를 잘 몰랐다가 이능화의 『조선불교통사』에서 '역사방위성주(易寺榜爲聖住)'란 각주에서 '성주사의 옛 이름으로 오합사라 명함'이라고 한 점과 1968년 이곳에서 백제의 연화문 막새가 출토된 점, 또 최근에 발견된 「숭암산성주사사적」을 통해 성주사의 전신이 바로 '오합사(烏合寺)'였다고 해석되었다.[62] 한편 '오함사(烏含寺)'도 '오합사'와 같은 절이므로, 이들 세 개의 사찰명이 결국 같은 절을 의미한다고 한다.[63]

성주사터는 부여에서는 약 20여㎞ 떨어진 보령군 성주면 성주리에 위치한다. 전기한 사적기에 의하면 이 사찰은 오합사를 전신으로 한 사찰로 혜왕의 아들 법왕에 의하여 창건되었다. 지금 지상에 노출된 유구들은 통일신라 후기 문성왕대에 낭혜화상을 맞아 중창되었으며, 이 때 절이름도 성주사로 바뀐 것으로 믿어진다. 1968년에 동국대학교에서 실측조사하고 1974년에는 발굴조사 하였다. 이 때 밝혀진 내용[64]에 의하면 절터의 외곽담장 규모로 보아 동서가 약 200m, 남북이 약 142m였고, 사역(寺域) 동측에 치우쳐서 가람터가 남아 있었다 한다.

이 때 조사된 유구를 보면 대체로 남북축선상에 중문터가 있고, 여기서 중심거리 약 10m 거리에 북쪽에 석등터, 14m 거리에 5층 석탑이 놓였다. 그리고 석탑에서 18.8m 거리에 금당터가 있고 여기서 다시

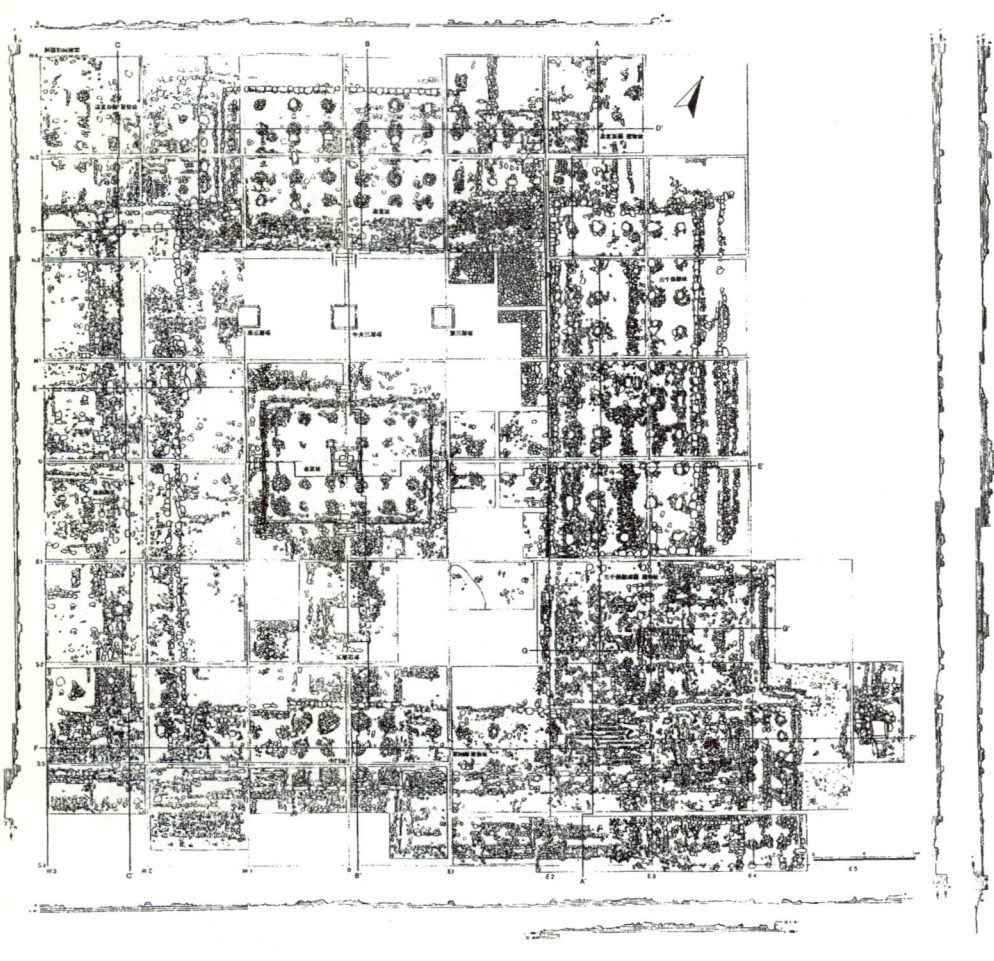

그림 19. 보령 성주사터 배치도

16.8m 되는 곳에 3기의 석탑이 동서로 나란히 놓였는데, 이 탑들의 간격은 약 8.86m씩이었다. 이들 석탑들에서 북으로 34.8m 되는 지점에 건물터 치석열이 보이고 전기 금당터 좌우로 좀 떨어진 곳에서도 건물터가 노출되었다.(그림 19) 사역 경내에서 서북쪽으로 좀 떨어진 곳에는 '성주사랑혜화상백월보광탑비'가 세워져 있고 추정 강당터 동쪽 끝에는 석불입상이 남향하고 있다. 또 사역 동남귀 돌담 옆에는 당간지주편이 있었다.

여기서 주목되었던 것은 금당터이다. 전·후 중앙에 계단이 있는데, 전면의 것은 잘 노출되어 있고 북측의 것은 흙에 묻혀 잘 보이지 않는다. 전면 남측 계단에는 호형의 소맷돌이 일매석 놓여 있는데, 앞받침의 지대석 위에는 석사자 2구가 있다. 이러한 계단돌은 통일신라 말의 건물에서는 보기 드문 것으로 후대에 중수된 것인지 확실치 않다. 기단의 규모는 약 19.7m×14.5m이며 지대석과 면석·갑석으로 이루어진 형식으로 믿어지는데, 현재는 갑석이 없으며 면석도 일부만 볼 수 있다. 지대석은 높이가 약 22㎝이고, 그 위 면석의 높이는 약 93.4㎝인데 면석 중간에 탱주를 두지 않은 점이 미륵사터 강당터나, 신라 초기 기단과 비슷하다. 건물터 한가운데에는 사각형으로 된 석재 불대좌의 복련부가 남아 있어 통일신라 후기의 특징을 보여준다. 또 초석은 자연석재로 되어 있으며 그 주칸이 정면 5칸, 측면 3칸으로 추정되며 동서 약 16m, 남북 약 11.9m의 규모를 보인다.

중문터는 5층탑에서 14.4m 남쪽으로 떨어져 신방석과 문지방의 받침

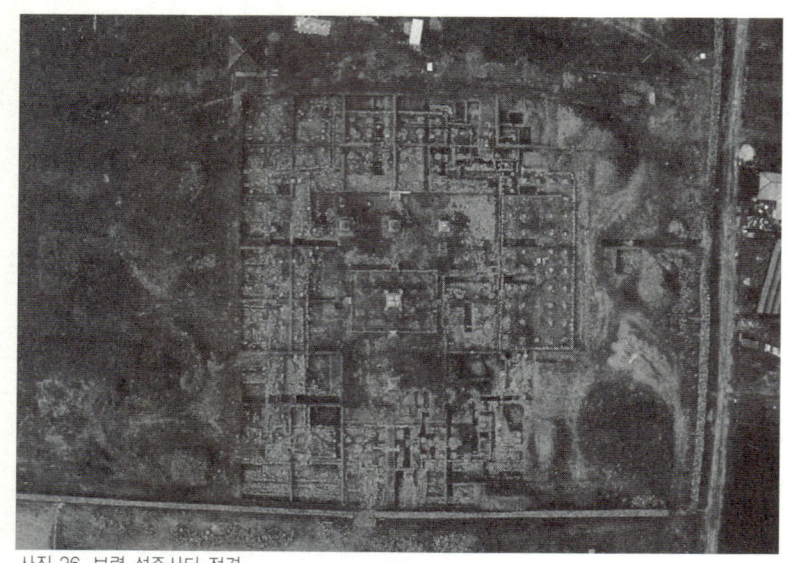

사진 26. 보령 성주사터 전경

석재가 노출되었다. 여기서 출토된 초석은 통일신라 초석 주좌 몰딩의 특징을 보인다. 전기 보고에 의하면 기단의 규모는 동서 약 14m, 남북 약 10.5m이고, 건물터의 규모는 동서길이 10.4m, 남북길이 6.4m로 정면 3칸, 측면 2칸으로 추정된다.

1991년부터 1996년까지 연차적으로 6차에 걸쳐 충남대학교 박물관이 정밀 발굴조사를 실시하였다.[65] 그 결과 이 사찰의 창건가람은 백제의 일탑식 가람으로 추정되었고, 전체적으로는 백제시대부터 조선시대에 이르기까지 5차례의 가람 변경이 있었던 것으로 밝혀졌다. 당시 조사된 유구에 대해 몇 가지 살펴보면 다음과 같다.(사진 26)

우선 금당터의 지반을 조사한 결과 3차례의 중건이 있었음을 알 수 있었다. 실제로 금당터의 내부기단 하층을 조사하는 과정에서 전(塼)을 혼용하여 축조한 전석 혼축 기단유구가 노출되었다. 이로 인해 성주사 창건 또는 그보다 이른 시기의 유구로 생각되었으며, 특히 백제의 것으로 보이는 팔엽 단판 연화문 와당들이 계속 수습되어 사역 내에 백제시대 유구가 존재했음을 밝혀주었다.[66] 최종 중건 기단의 규모는 동서 20m, 남북 14.4m이며, 기단토는 판축으로 다져졌다. 초석을 놓기 위한 적심석은 이 판축층을 다시 되파서 다져 놓았음을 알 수 있었다.

강당터 역시 세 번의 중건이 있었음을 알 수 있었으며 그 기단의 최종 중건규모는 동서 길이 약 29.5m, 남북 길이 약 19m(달아낸 폭 포함)이나 곳에 따라 부분적으로 차이를 보였다. 주칸은 정면 7칸, 남북 4칸이며 기단을 후대에 남쪽으로 약 3.8m 달아낸 흔적이 있었다 한다.[67] 석불의 보호각은 동서 3칸, 남북 3칸의 건물터가 노출되었는데 그 주칸거리는 한변이 11.3m인 정방형으로 측정됐다.

금당의 동편에는 당초에 동회랑이었던 것을 삼천불전으로 개축한 건물터가 발굴되었다. 이 건물터의 규모는 동서 4칸, 남북 9칸이며 기단의 크기는 동서 길이 약 17.90m, 남북 길이 약41.4m이다. 이와 대칭되는 서쪽에도 서회랑과 교란이 심한 후대의 건물터가 노출되었고, 이 건물터가 강당터 및 금당터와 연결되는 부위에서 작은 규모의 건물터가 노출되었다.

5층 석탑과 3층 석탑 3기의 기단부 축조 방법을 파악하기 위해 석탑을 중심으로 토층 조사를 실시하였다. 그 결과 중앙의 5층 석탑 밑에서는 마사토와 점토를 사용한 판축층이 80㎝ 정도 확인되었고, 판축의 범위는 탑 지대석에서 약 3.5m인 지점에서 그 경계를 확인할 수 있었다. 3층탑은 교란된 부식토층 아래에 바닥기와가 깔려 있어 소홀히 축기하였음을 볼 수 있었다. 따라서 5층 석탑의 위치에는 판축기법이 시행된 것으로 보아 이 석탑보다 선행되는 목조탑이 있었음을 추측할 수 있다.

이상의 절터 이외에도 부여 지역에는 호암사터와 구교리 절터를 비롯하여 쌍북리 절터·관음사터·동산리 절터·경룡사터·밤골절터·청룡사터·천왕사터 등 많은 절이 알려져 있지만 이들에 대해서는 자세한 조사가 이루어지지 않았으므로 여기서는 생략한다. 이 중 천왕사터에서는 백제시대의 우물로 보이는 깊은 네모짜임 우물이 상·하로 노출되었는데 이것이 가람과 어떤 관계가 있는지는 알 수 없다.

6. 기타 지역의 절터

여기서 기타지역이라 명명했지만 그 중요한 절터는 역시 익산 지역이라 손꼽을 수 있다. 그러므로 여기서는 익산의 중요한 절터를 기술하려 한다. 익산 지역에는 미륵사터를 비롯하여 이와 관련된 사자사터·왕궁리 유적·오금사 등이 있지만, 이중 왕궁리 유적에 대하여는 앞서 기술한 바 있으므로 여기서는 미륵사터와 사자사터에 대하여 논하고자

한다.

1) 미륵사터

(1) 연혁

미륵사의 창건 기록은 『삼국유사』에 비교적 자세히 나와 있고 그 후 조선시대의 문헌 중 몇 곳에서 볼 수 있다. 이 가운데 『삼국유사』와 『삼국사기』의 기록을 보면 미륵사와 왕흥사는 같은 절인지 별도의 절인지 확실하지가 않다. 여기에 대하여는 필자의 졸저 『백제사찰건축』에서 자세히 논하였으므로 여기서는 생략한다.

즉 『삼국유사』 권 제2 기이(紀異) 제2 무왕조(武王條)에는 '하루는 武王이 부인과 같이 사자사에 가는 길에 용화산 밑 큰 연못가에 이르니 미륵삼존이 못 가운데서 나타나므로 수레를 멈추고 경하하며 배례하였다. 부인이 왕에게 말하기를 이곳에 큰 절을 세우기를 원하는 바라 하여 왕이 그것을 허락하였다. 이에 미륵삼존을 법상으로 불전과 탑·랑·무를 각각 3곳에 세우고 절 이름을 미륵사(국사에는 왕흥사라 함)라 했다. 이에 진평왕은 백공을 보내어 이를 도왔는데 지금도 그 절이 있다.'는 기록이 있고, 『삼국유사』 법왕 금살조에는 '백제 29대 법왕의 위는 선인데 혹은 효순이라고도 한다. 개황 10년 기미(599)에 즉위했는데 이 해 겨울에 명하여 살생을 금하였다. 민가에서 기르는 매나 새 등을 풀어주고 이듬해 경신년에 30인의 승려를 두어 왕흥사를 사비성에 세웠다. 처음 체제를 세울 때 왕이 승하하여 무왕이 이를 이었다. 아버지가 기초하고 아들이 이루었으니 수 십년을 지나 이루어졌다. 이 절도 역시 미륵사라 불렀다. 산을 등지고 임수(臨水)하였고 꽃과 나무가 수려하여 사계절의 아름다움을 갖추었다. 왕이 매번 배를 움직여 물길을 좇아 절에 들어가 그 형승이 장려함을 구경하였다.'는 기록이 있으며, 『삼국사기』백제본기에서도 이와 비슷한 내용이 실려 있다.

다음의 기록으로 『조선불교총보』에 실린 고려초 승 「혜거국사비문」에 의하면 후백제 견훤 때(922)에 미륵사의 개탑(開塔)을 계기로 혜거가 선운산의 선불장(고창 선운사로 추측됨)에 참석하여 단에 올라 설법을 할 때 천화가 어지럽게 흩날렸다 하였으므로, 이 때 미륵사탑이 중창되었음을 알 수 있다. 실상 미륵사터에서는 고려시대의 유물과 유구가 많이 출토되어 이 시기까지도 절이 번창하였음을 알 수 있다.

그 후 조선시대 중종 때 편찬된 『동국여지승람』에는 '석탑이 극대하여 그 높이가 수 장(丈)으로 동방 석탑 중 제일이다.'라고 하여 이 때까지 석탑이 존속하였음 알려준다. 또 영조 때 강후진이 쓴 『와유록(臥遊錄)』에는 석탑은 반파되어 7층이 남아있을 뿐 이미 폐찰된 정황을 비교적 자세히 기록되어 있는데, 그 내용은 다음과 같다.

"미륵산 서쪽 기슭에 옛 미륵사의 유구가 있다. 밭둑 사이에 7층 석탑이 있는데 대단히 높고 크며 성벽을 쌓아 올리되 각 별석으로 이루고, 기둥은 네 귀를 받쳤다. 세상에서 이르기를 동방 석탑에서 제일이란 말이 거짓이 아니다. 백년전 벼락으로 인하여 그 반이 허물어졌고, 밑에는 석문이 있어 출입할 수 있는데 세 사람 정도가 같이 들어가 거닐 수가 있다. 서벽을 따라 탑 위에 올라 수삼인의 농부들이 농기를 끼고 그 위에 누워있다. 밭둑 사이에 초석과 석조가 널려 있는데, 그 반이 노출되거나 전체가 노출되었고 파괴되어 비스듬히 있고 혹은 쪼개져 있으며 종각의 초석으로 추정되는 것이 완연히 남아 있다.”[68]

또 18세기 말에 쓰인 것으로 추측되는 금마 군수 남태보의 『금마지(金馬誌)』에서 볼 수 있는데, 이 기록은 위의 『삼국유사』를 인용한 것 외에는 특별한 내용이 없다.

이상의 문헌 고찰을 통해 볼 때 미륵사는 백제시대에 창건되어 고려시대를 거쳐 조선시대에는 폐사되었음을 알 수 있다. 1980년부터 체계적인 발굴조사가 문화재연구소에 의하여 시행되면서 이러한 사실이 입증되었다. 그런데 문헌상 창건시기의 문제가 제기되었던 것은 『삼국유사』의 창건연기에 주서를 달아 옛 책에 ‘무강이라 함은 잘못이다. 백제에는 무강이 없다.’고 하여 무왕을 무강으로 잘못 표기한 것이라 하였다. 그러나 이에 대하여 이론을 제기한 학자도 있었다.[69] 즉 무강왕은 무령왕을 지칭하는 것으로, 미륵사의 창건을 무왕대보다 훨씬 앞선 것으로 보았다. 그러나 실제 유적의 발굴결과로는 백제 말기의 것이 주류를 이루어 무왕대로 보는 것이 타당하다. 또 미륵사터의 발굴조사 결과 그 중심곽에서는 조선시대의 유물이 하나도 발견되지 않았고, 서편 후대 조성지구에서 조선 초기의 유물들이 출토되어 가람의 조영시기를 고증해 준다. 이상의 기록과 고고학적 조사 결과 미륵사는 백제 무왕대 (즉위기간 : 600~640년)에 창건되어 고려시대까지 조영되다가 조선시대에 이르러서는 가람 외곽에 건물을 지어 겨우 사맥(寺脈)을 유지했고, 조선 중기에는 완전히 폐찰되었다.

그렇다면 미륵사는 무왕 어느 때에 시작되었는지가 의문인데, 이 사찰이 무왕대에 완공되었다고 가정한다면 황룡사의 규모와 공사량을 참작해 볼 때 적어도 수 십년이 소요되었을 것으로 추정되므로 무왕 초에 착공된 것으로 믿어진다. 또한 현재 미륵사터 중심곽 약 8,000평과 그외에 연못지 등, 전역에서 백제시대의 것으로 추정되는 기와편이 출토되고 있고, 창건시 진평왕(579~632)이 도왔다고 하므로 미륵사의 창건은 600년에서 632년임을 짐작할 수 있다. 그런데 600년경에 시창을 했다면 가람의 규모로 보아 20~30년이 걸려 완성이 되었을 것이므로 황룡사의 9층목탑을 세우기(642년) 전일 것으로 추측된다.

(2) 가람의 특성

미륵사터는 전라북도 익산군 금마면 기양리에 위치하고 있다. 호남고속도로 익산 인터체인지를 들어서서 약 3.5km 거리에 금마가 있는데, 여기서 서북쪽으로 약 2km 가면 도로에서 서북쪽으로 우뚝 솟아 보이는 용화산이 있다. 이 산은 해발 약 430m의 주봉을 갖고 남향을 하여 좌우 능선이 뻗어 내렸다. 이 능선에 감싸인 평지에 미륵사터가 남향으로 자리잡고 있다.

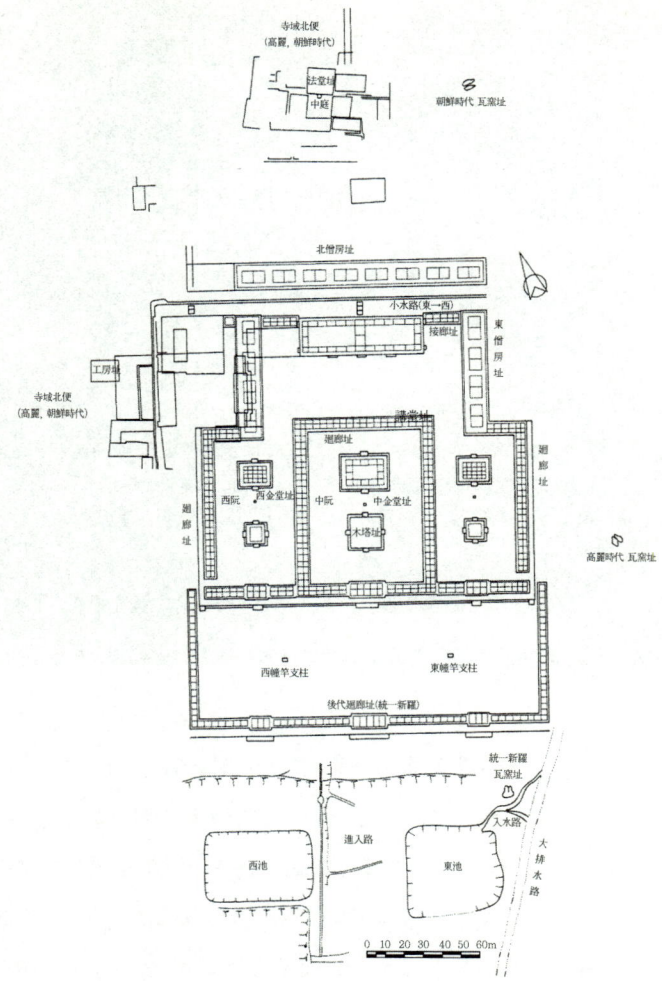

寺域北便
(高麗, 朝鮮時代)

法堂址

中庭

朝鮮時代 瓦窯址

北僧房址

小水路(東一西)

接廊址

東僧房址

工房址

寺域北便
(高麗, 朝鮮時代)

迴廊址

講堂址

迴廊址

迴廊址

西阮

西金堂址

中阮

中金堂址

木塔址

高麗時代 瓦窯址

西幢竿支柱

東幢竿支柱

後代迴廊址(統一新羅)

統一新羅
瓦窯址

入水路

大排水路

西池

進入路

東池

0 10 20 30 40 50 60m

그림 20. 익산 미륵사터 배치도

사진 27. 익산 미륵사터 전경

　이 절터는 발굴 전부터 서쪽에 6층만 남은 석탑이 반파된 채 있었다. 또 그 뒤로는 춤이 높은 건물터 초석이 정연하게 남아 있었고, 동쪽에는 석탑터와 그 북쪽에 건물터의 초석이 배열되어 있어 가람의 동·서가 대칭을 이루고 있었으리라는 추측을 쉽게 할 수 있다. 또 가람의 남쪽 동·서에는 당간지주가 각 1개씩 대칭을 이루며 놓여 있다. 이와 같이 표면적으로 나타나는 가람의 성격과 앞에서 설명한 창건 연혁 기록

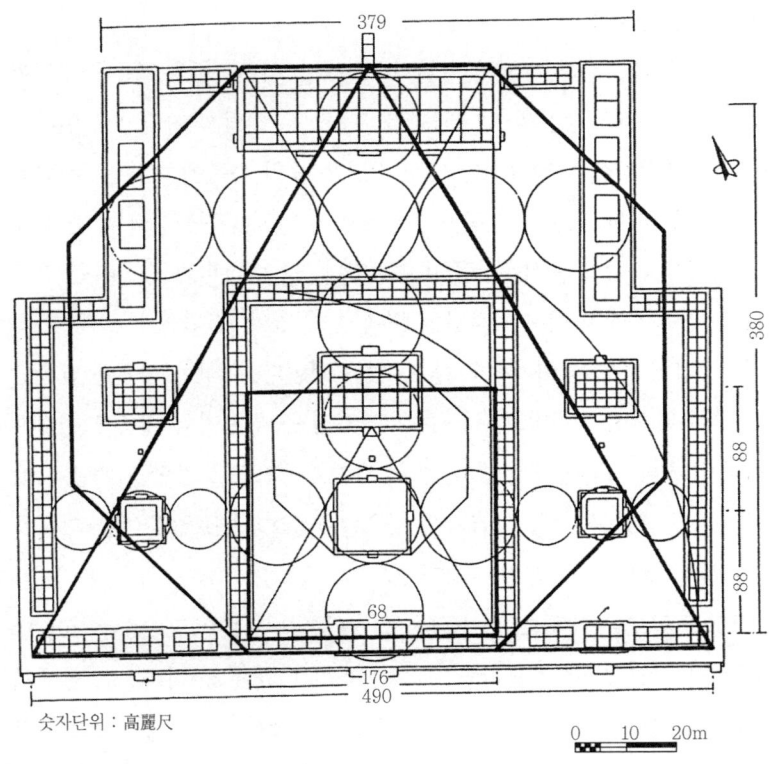

379

380

88

88

176
490

68

숫자단위 : 高麗尺

0　10　20m

그림 21. 익산 미륵사터 균제도

을 비교하면 동·서로 배치된 이 당 탑 구역 외에 또 하나의 당 탑이 있
으리라고 추측되었으므로, 발굴 전까지도 일본인 학자들이 주장한
'品'자형 가람으로 믿었다. 그러나 발굴조사 결과 중앙에 놓인 가람이
좌·우 가람의 북쪽에 있었던 것이 아니라 동·서축에 맞추어 가운데

에 놓였음을 밝혔다.

즉 미륵사의 가람은 삼원 병열식으로 동·서 및 중원으로 구획되어 있는데, 각 원은 중문과 탑·금당을 1동씩 둔 일탑식 가람으로 이루어져 동서축선상에 나란히 배치되되 강당은 중원 북쪽에 하나만 두었다. 이 건물들의 배치는 거의 평지상에 놓이게 하되, 남쪽의 각 중문터 앞과 강당터 북쪽에는 석축단을 마련하였다. 또 승방터는 동·서원 양측과 강당 북쪽에 마련된 석축단에 위에 놓여 있어, 소위 일본 고대 가람의 3승방식 가람을 여기서도 볼 수 있는 것이다. 이밖에 중원은 남회랑에 붙여 완전히 둘러막고, 동·서원과 강당 구역은 가람 내측으로 터져 있어 통행이 자유롭게 하였다. 이와 같이 3구역으로 가람을 나란히 배치한 것은 『삼국유사』 창건기에 나오는 '삼소창(三所創)'이란 기록을 입증하는 것이다.(그림 20·사진 27)

가람의 규모는 대체로 동서폭(건물 기단 외변간)이 172.16m이고, 남회랑터의 남단에서 강당터 기단 북변까지는 148.2m이다. 또 탑에서 중문터까지의 건물 중심간 거리는 탑에서 금당터까지의 중심거리와 같이 각각 31.2m로 나타났고, 금당터에서 강당터까지의 건물 중심간의 거리는 71.6m로 나타났다. 또 중원의 동·서 회랑 기단 중심거리는 66.36m, 양측 협원의 동·서 회랑 중심거리는 48~49m이다. 이렇게 하여 가람 전체의 동서 폭과 남북 길이의 비는 3분의 2가 되어 동서 폭을 한 변으로 하는 정삼각형의 정점 한계 내에 있음을 알 수 있다. 또 이것은 중원에서 동서회랑 사이의 기준 폭을 한 변으로 하는 팔각형에

도 맞아 떨어진다.(그림 21)

(3) 밝혀진 유구들

①탑

미륵사터의 동·서탑 중 서탑은 현재 그 일부인 동북측 부분만이 남아 있다. 이는 6층 옥개석까지만 남아 있고 다른 부분은 훼실되어 일제강점기 때 보수한 시멘트 모르타르가 발라져 있었는데, 2000년부터 국립문화재연구소에 의하여 보수를 위한 해체 중에 있다. 양탑의 평면 규모는 조사결과 거의 같았음을 알 수 있었고, 동탑 자리에서 노반석과 상층 옥개석이 출토되어 복원을 위한 연구를 한 바, 9층이었음을 증명할 수 있었다.[70]

필자는 동원의 석탑지에서 출토된 260여 개의 부재를 가지고 옥개석의 크기와 노반석의 규격 등을 분석하여 추정 체감률을 밝힘으로써 9층이었음을 입증해낸 바[71](그림 39) 있으며, 목탑지를 가지고 정면과 측면이 각각 5칸인 고주식 9층 목탑을 복원안으로 제시한 바 있다.[72](사진 47)

이상 각 탑과 탑지·복원안 등에 관한 상세한 기술은 뒤에 기술한 탑과 건축에서 다루었으므로 생략하려 한다.

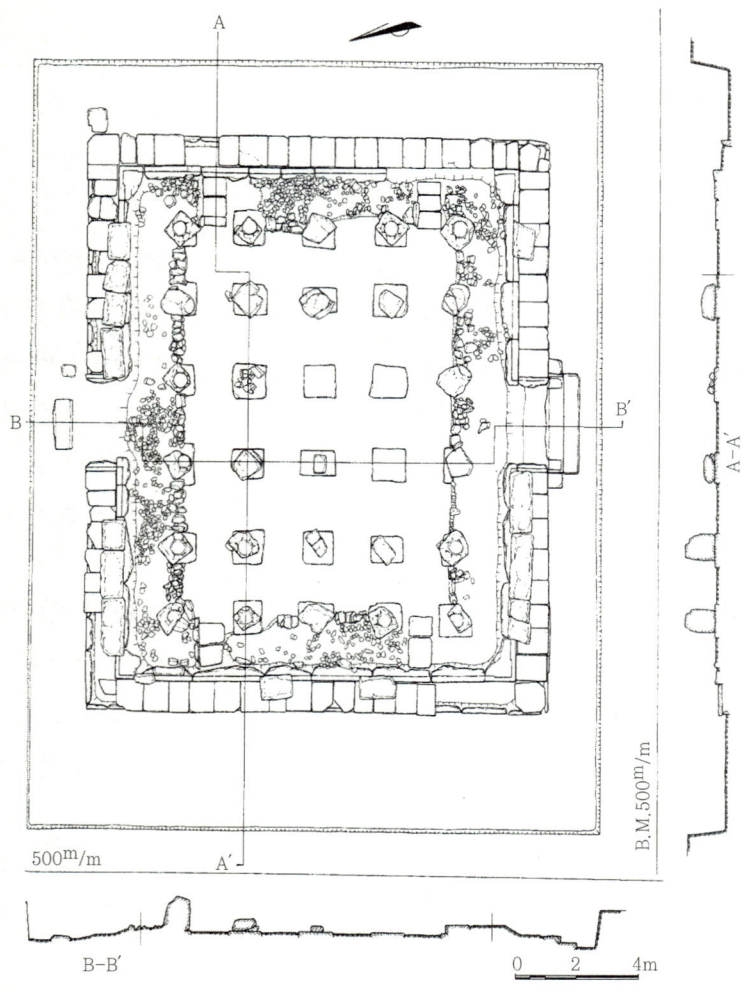

A

A-A'

B ——————— B'

B.M.500^m/m

500^m/m

A'

B-B'

0   2   4m

그림 22. 익산 미륵사터 금당 평면도

사진 28. 익산 미륵사터
동금당터 초석 및 기단

② 금당터

동·서 두 금당터의 크기와 구조 형태는 조사결과 같았다. 탑과 같은
형식의 2층 기단에다 춤이 약 1m나 되는 높은 초석을 배열하여 정면 5
칸, 측면 4칸의 건물터를 보여준다. 초석 윗면에는 주좌 옆에 인방을
걸쳤던 홈이 패어 있어 마치 고상구조의 건물과 같았고, 기단 내부에는
지하공간부를 마련했음이 확인되었다. 이것이 경주 감은사터 금당 밑
으로 용이 드나들게 했다는 지하공간부와 어떻게 다른지는 확실하지
않지만 목조마루 밑에 공간을 두어 마루를 보존하는 실리적 목적도 있
었을 것으로 믿어진다. 중원의 금당터에서도 역시 같은 형식의 유구가
노출되었는데 여기서는 춤 높은 초석이 유실되고 그것을 받치는 반석
만이 남아 있어 한 때 이것을 초석으로 이용하여 건물을 세웠던 흔적이
있었다. 그 규모는 정면 주칸 총길이가 약 19.8m, 측면의 것이 14m여

사진 29. 익산 미륵사터 강당터 기단

서 동·서원 금당의 정면 12.7m와 측면 9.1m와의 비교에서 상당히 큰 것을 알 수 있다.(그림 22·사진 28)

③ 강당터

중원의 금당터에서 중심거리 약 72m 떨어진 북쪽에 놓여있다. 지대석과 면석·갑석으로 높이 마련된 기단 위에 정면이 13칸, 측면이 4칸의 거대한 건물터가 확인되었다.(사진 29)

기단의 크기는 정면 65.9m, 측면 20m(초창유구는 약 22m) 되는 우리나라에서 제일 큰 강당터이다. 계단은 기단 전면의 3개소와 측면 좌우에 각 2개소씩 마련되었다. 강당의 기단 북편 중앙에는 북쪽으로 수

각식 복도를 세웠던 것 같은 높은 초석 열이 발견되어 뒤쪽 석축위에 길게 놓인 승방으로 통하게 하였음을 알 수 있다. 이러한 춤 높은 복도 초석은 서편에도 1개소가 놓여 있다.

또 강당 동쪽 기단 밖에서는 서까래와 연목와 등이 출토되어 처마가 측면에도 있었던 건물로 판단, 결국 우진각이나 팔작지붕을 한 건물임을 알 수 있었다.

④ 승방터

승방터는 동·서 금당터에서 각기 북쪽으로 좀 떨어진 위치에 북쪽으로 뻗어 있는데, 그 남단은 동·서원의 동·서회랑과 안쪽으로 꺾인 'ㄱ'자 평면 끝에서 연결되고, 북단은 강당 측면에서 연결되는 북회랑과 연결된다. 따라서 이 승방터가 전·후로 퇴칸을 두어 개방식 열주를 세운 것은 이 퇴칸 중 한쪽을 회랑의 연속으로 연결시킬 목적이 있었던 것으로 추정된다.

동·서승방터 기단의 동서폭은 14m이고 길이는 65m이며, 내부에는 한 변이 6m 되는 정방형 방을 고막이돌로 구획했는데, 2방을 한 조로 구획하여 모두 4조를 이루고 있음을 확인하였다. 조와 조 사이에는 통로를 만들고 기단의 동·서 양측에는 퇴칸을 두었다. 가람 북쪽에 있는 승방터는 강당 북편 석축 위에 동서로 길게 놓였는데, 길이가 약 134m나 되고 남북 폭이 약 14m로 앞의 동·서 승방터와 같이 방을 이루었던 칸막이는 동쪽 일부만 남았고 기타 지역은 훼실되었는데 그 규격은 같았다. 여기서는 모두 8조의 방을 이루었음을 추측할 수 있었다. 특이한 것으로는 두 방이 접한 바깥쪽에 돌로 시설된 방형 구획이 노출되었는데, 이것이 난방시설인지 아니면 무슨 기능을 한 것인지 확인되지 않았다.

⑤ 회랑터

회랑의 기단석과 초석이 비교적 많이 남아 있어 그 규모와 성격을 잘 알 수 있다. 기단은 면석과 갑석으로 나지막하게 마련되었고, 초석은 윗면에 원형 주좌를 몰딩 없이 양각시킨 것으로 고구려의 둥근 초석과 같은 모양이다. 이 초석들은 밑이 팽이같이 뾰족하여 정초할 때 기단 판축 위에 구멍을 약간 파고 초석을 이 구멍에 맞추어 넣은 다음 적심석을 그 옆으로 쐐기와 같이 끼워 받쳐 정좌시키는 방식을 썼다. 이것은 신라의 경우 적심석을 평평하게 층층이 깔고 그 위에 밑이 평평한 초석을 정좌시키는 것과는 다르다.(사진 30)

사진 30. 익산 미륵사터 동원 북회랑터 초석 및 기단

회랑은 모두 길이 방향으로 기둥을 3열로 배열한 복랑으로 형성되어 경주 황룡사의 회랑과 같았는데, 그 주칸거리는 보 방향으로 2.15m이고, 도리 방향으로 3.3m이었다. 남회랑터와 동·서 회랑터가 서로 연결되지 않고 떨어져 있으며, 외측 회랑터는 북쪽으로 승방터와 연결되어 있는 점이 특징이다. 회랑의 중간 중간에는 기단을 끊어 배수암거를 관통시키고, 그 위에 장대석을 덮어 기단이 연장되게 하였다. 중원의 회랑터는 4방을 완전히 둘러 방형으로 구획하고 있다. 그러나 북쪽에는 강당으로 통하는 문이 있었을 것으로 추정된다.

⑥ 중문터

동탑자리 앞에서 문터가 발견되어 중문으로 확인되었는데 유구가 거의 유실되어 기단 석재 일부만 남았다. 이 문터 앞은 지반이 한 단(段) 낮아져 있어 계단이 놓였을 것으로 추측된다. 중문의 규모는 정면 3칸에 측면 2칸, 기단 크기는 12.2m×7.9m로 추정되었다. 중문터 양측에는 남회랑터가 연결되었는데, 이러한 문터는 서원에서도 부분적으로 확인되었고 중원에도 그 흔적이 있어 동·서 중원 앞에 같은 방식으로 놓여졌음을 추측할 수 있다. 중문 앞에는 동서로 길게 뻗은 축대석이 놓여 있어 문 앞에 계단을 두었음을 알 수 있다.

⑦ 남문터

동원의 중문에서 중심거리 약 68m 남쪽 지점에서 남문으로 추정되는 건물터가 확인되었으나 유구의 교란이 심하여 정확한 간살은 알 수 없다. 다만 정 측면이 3칸과 2칸으로 추정되고 기단은 동서 12.2m, 남북 7m로 추정되었다. 이 건물터 밑에서는 판축으로 된 토담 기부가 나와서 처음에는 이 자리에 토담을 구축하였다가 후에 다시 남문과 단칸회랑으로 바꾸었던 것으로 추측되었다.

회랑은 남문 동쪽에서 연결되어 동쪽으로 연장되다가 끝에서 북쪽으로 꺾어 올라가 남회랑 동쪽 끝에서 그쳤다. 이 동원 남문터 앞에는 폭 15.6m나 되는 계단 유구가 있는데, 계단은 잘 가공되지 않은 장대석으로 디딤면 앞을 가로 막은 형식이며 6단을 이루었다. 남문은 중원과 서원 앞에도 있었는지는 확실하지 않지만 발굴조사에 의하면 회랑과 같은 유구의 흔적이 서원 앞에서도 나와 여기에도 시설했던 것으로 일단 믿어졌다. 그러나 필자의 견해로는 남문은 중원 남쪽에 하나만 있었던 것으로 생각된다.

⑧ 기타 유구

각 금당과 탑자리 사이에는 방형 지대석과 복화반이 노출됨에 따라 석등이 놓였던 것으로 추정되는데, 복화반은 8각형이고 8엽연화를 양각하였다. 특히 중원에서는 이 석등자리와 탑자리 사이를 포석하여 통로를 마련했고, 8각 개석도 노출되었는데, 이 개석은 무늬 없이 상·하 2단으로 포개어 하나의 개석이 되도록 한 것이 특징이다.(그림 23)

또 동·서원 중문터의 남측 중앙에 치우쳐 있는 동·서 당간지주는

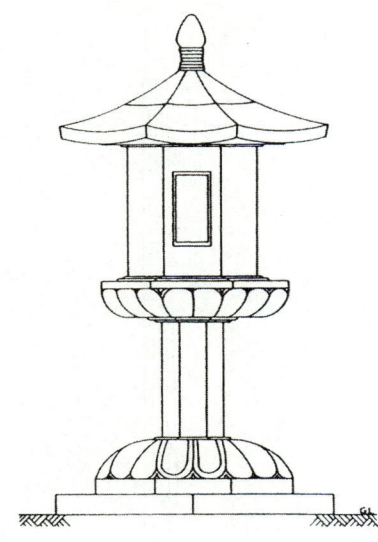

그림 23. 익산 미륵사터 중원 석등 복원도

높이가 약 4.5m이고 밑에는 안상을 음각한 기단을 만들었는데, 그 수법이 통일신라시대의 것으로 추측되었다. 그 기초부를 발굴조사한 결과 부토 위에 세워져 있었으므로 초창기에 세운 지주가 아님이 확인되었다. 그러나 이 당간은 석당간이었음이 밝혀져 전라남도 나주 동문 외의 석당간·단양 읍내리 석당간 등 몇 개 안 되는 우리나라 석당간 유구 중 가장 오래된 석당간으로 믿어진다. 간주석이 몇 개 출토되어 복원 설계를 시도한 결과 이 석당간의 높이는 약 11m가 넘게 나와 나주의 것과 높이가 같았다.(그림 24)

동·서원 남문터 앞, 남쪽으로 좀 떨어져 폭이 50여 m 되는 진입로를 사이에 두고 양쪽에 연못의 호안부가 노출되었다. 지금까지 밝혀진 규모로는 서지(西池)의 경우 동서 50m에 남북 길이는 알 수 없으며, 동지(東池)는 동서 50m, 남북 60m로 밝혀졌다. 이것은 부여의 정림사 남문터 앞 중앙에 통로를 사이에 두고 양측에 연못을 둔 것에 비유된다. 연못의 바닥은 현 지표하 2m에서 최고 4m까지 내려간 곳에서 노출되었다. 이 연못에서 출토된 유물들은 백제시대의 것과 통일신라시대의 것이 주종을 이루었기 때문에 통일신라 이후에는 메워졌던 것으로 생각된다.

강당터 북쪽 약 80m 거리를 두고 가로로 한 단 높인 곳을 발굴조사한 결과 한 때 담장이었음이 밝혀져 전술한 남문 터에서 밝혀진 토담터와 연결하여 생각하게 되었는데, 이 경우 사역의 남북 범위가

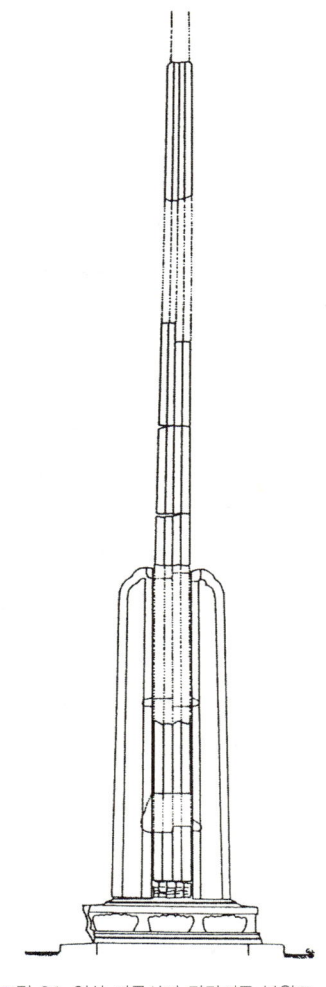

그림 24. 익산 미륵사터 당간지주 복원도

약 300m나 되어 신라의 황룡사 담장 구역과 비슷함을 알 수 있었다.

이밖에도 가람 중심곽 밖의 북쪽과 서쪽에서 주로 신라 · 고려 · 조선시대의 건물 유구들과 유물들이 출토되었다. 이중에 신라시대의 공방터로 보이는 것과 조선시대의 기와가마터 그리고 동측에서 발견된 신라시대의 기와가마 등은 좋은 자료로 주목을 끈다.

(4) 출토유물

지금까지 미륵사터 발굴조사에서 출토된 유물의 수는 약 1만 8천 7백점이나 된다. 출토된 유물의 종류를 보면 와편류와 도 · 토기류가 주종을 이루고 석재와 금속류 · 목재조각과 곡류 · 인골 등도 출토되어 당시 사찰내의 생활상을 엿볼 수 있었다.

이들 유물의 시대적 성격과 종류는 건물 구역에 따라 많이 다르다고 볼 수 있는데, 회랑으로 둘려져 있는 사찰 내곽에는 고려 말 이후에 속하는 유물이 한 점도 없어 그 경영 연대를 말해 주며, 사역 외곽에서는 조선 초기에 속하는 분청사기에서 백자까지 출토되어 중심곽이 폐철된 후 그 주변에 건립된 사찰이 조선 초기까지 존속되었음을 알려주었다.

이 중에서도 창건시대를 추정하는데 가장 참고가 되는 자료는 평기와와 막새기와 및 완형으로 복원이 가능한 치미이다. 특히 연화문 수막새는 그 문양으로 보아 백제의 사비시대, 즉 부여로 천도한 후에 사용된 문양인데, 이보다 앞서는 문양은 한 점도 없었고 명문와나 토기에서도 볼 수가 없었다. 이러한 점으로 미루어 미륵사의 창건은 『삼국유사』의

사진 31. 익산 미륵사터 출토 유물

기록대로 백제 무왕대에 이루어진 것이 거의 확실하다.

기와들 중에 7판의 녹유연화문 서까래기와는 당시 기와에 유약을 발라 사용한 증거로, 그만큼 화려한 건축을 조영했다는 것을 알 수가 있다. 또 근래에 동원 승방터 북쪽에서 출토된 치미는 백제의 치미 중 가장 원형이 잘 남아 있는 것으로 승방도 치미를 둘 만큼 중요시했던 건물이라는 사실을 알려주는 새로운 자료이다. 또한 기와 중에는 '미륵사'·'묘봉원'·'금마저관'·'태평흥국' 등의 명문와가 출토되었다.(사진 31)

금속류로는 금동판각불·금동령·동마 등이 출토되었고, 그 밖에도 토제 불두, 벽화편 등 귀중한 자료가 출토되었다. 특히 난간소로·서까래·널 문재 등 건축부재도 출토되어 눈길을 끈다. 또한 동원 석탑의 노반석과 옥개석 등 260여 점이 출토되어 이 석탑이 9층탑이었음을 밝힐 수 있었고 그 외에 유리제품과 옥 등도 출토되었다.

(5) 조형 계획의 특성

미륵사의 평면계획은 우리나라 고대 사찰 중 그 어느 것보다도 거의 완벽하게 기하학적인 균제미와 유기성을 갖추고 있다. 필자는 이러한 미륵사의 조형적 특성에 대하여 발표한[73] 바 있는데, 이를 간략히 설명하면 다음과 같다. 가람 전체의 규모는 〈표 2〉에서 보는 바와 같고, 연구 결과 미륵사에 사용된 용척은 고려척으로 산정되는데, 그 용척의 곡척과의 환산비는 1.155곡척에서부터 1.176곡척까지 환산할 수 있어 약

표 2. 익산 미륵사터 가람 규모표

거리 \ 구분		M	곡 척	고려척	환산비
중원	동·서회랑터 내변(內邊) 주칸	61.56	203.15	176	1.154~1.159
	동·서회랑터 중심 주칸	66.54	219.58	190	1.156
	남·북회랑터 중심 주칸	86.8	286.44	246	1.164
	중문터~탑터	31.21	102.99	88	1.170
	탑터~금당터 중심	31.30	103.29	88	1.174
	금당터~북회랑지 중심	25.76	85.0	73	1.164
동·서원	동·서회랑터 내측기단선간	41.2~42.3	135.96~139.59	117~120	1.161~1.163
	동·서회랑터 내변 주칸	43.5~44.6	143.5~147.18	124~126	1.158~1.168
	동·서회랑터 중심 주칸	48.2~49.3	159.06~162.69	138~140	1.153~1.162
	남·북회랑터 내측기단선간	76	250.8	216	1.161
	남·북회랑터 외측기단선간	90	297	256	1.160
강당지구	강당터~중금당터 중심	71.61	263.3	204	1.158
	동·서승방지터 중심	118.7	391.71	338	1.159
	위의 내측기단선간(중심)	104.7	345.51	298~295	1.167~1.171
	위의 외측기단선간	132.7	437.91	379	1.155
가람	남회랑터 동·서길이	172.16	568.13	490	1.159
	강당터~중원 북회랑터 중심	45.85	151.31	130	1.164
	중문터~강당터	134.13	442.63	380	1.165
	남북 외측기단선간	148.21	489.09	420	1.165
	남회랑터 남단~후측 축대	158.97	524.60	448	1.170
	외곽담장지 남~북간	288	950.4	820	1.159

2%의 오차를 나타낸다.[74]

　우선 탑의 심주자리를 중심으로 중원 가람에서 중문 금당터간 중심거리인 176척을 한 변으로 하는 정사각형을 그릴 수 있는데, 이것이 미륵사 가람의 규모를 정해주는 기본 길이가 된다. 또 이 기본 정사각형을 북쪽으로 연속하여 그리면 그 북쪽변이 강당 기단의 남변에 일치된다. 이 정방형의 대각선 길이는 248.8척으로 전기 중원의 남회랑 북회랑간 중심거리인 246척과 거의 같다. 또 전체 가람 규모에서 본다면 남회랑의 총길이 490척을 한 변으로 하는 정삼각형의 높이는 424척으로 이는 가람의 남북 총길이인 420척과 비슷하다. 또한 가람의 남북총길이는 176척을 한 변으로 하는 정8각형으로도 한정할 수 있다. 강당터의 전면 주칸길이는 176척으로 동·서 승방터의 전면 주칸길이와 일치한다.

또한 중문터 목탑터간 중심거리는 중원에서 기본 척도로 삼은 176척의 2분의 1인 고려척 88척이다. 이 88척의 대각선 길이는 124척으로 목탑의 높이와 거의 같다고 보며, 이는 탑에서 금당까지의 거리의 2배이고 동서회랑 내진주열간의 거리 즉 가람 기준 정사각형 한변 길이인 176척의 $\sqrt{2}$/2배가 되며 중원의 남회랑 북회랑간 중심거리의 1/2배가 됨을 알 수 있다.

계층을 이루는 평명상의 규모의 비를 살펴보면, 중원의 내정 면적과 동·서원 내정 면적의 비례는 1.5 : 1로 중원 내정이 크다. 이러한 크기의 차이는 건물 기단에서도 나타나는데 금당의 경우 그 면적비가 2:1이다.

이렇게 하여 중원의 공간 특성이 밝혀지는데 폭 : 길이 : 높이, 즉 X : Y : Z 는 X를 1로 가정할 때 1 : $\sqrt{2}$: $\sqrt{2}$/2로서 공간균제에 있어 소위 조화의 미(Concord)를 나타낸다. 이와 같은 공간특성은 동·서가람에서도 같이 나타난다. 석탑의 상륜부까지의 높이를 67 고려척으로 보면 이곳 동회랑 서회랑 내변주열간 거리 126척, 또는 중심주열간 거리인

138척과 연관되어 1 : 2의 비례를 보이고, 앞의 X : Y : Z의 비례는 1 : √3 : 1/2이라는 공간 균제를 이루어 역시 조화로운 공간 특성을 보여준다.

이와 같이 미륵사의 평면 계획은 정삼각형 사각형 팔각형으로 균제됨을 알 수 있고, 이에 따라 건물을 배치시킨 것으로 믿어지며, 그림에서 보는 바와 같이 여러 방법으로 도식이 이루어짐을 알 수 있다.(그림 21)

(6) 건축 공간

미륵사는 가람 전방 양측에 연못 사이로 경사면을 올라가서 담장 혹은 남대문을 지나면 완충적 전이공간에 접하게 된다. 이 끝에서 다시 단을 형성하여 그 단에 올라서면 회랑과 중문이 놓여 있어서 이곳을 통과해야 주공간에 도달하게 된다. 주공간에는 횡으로 3구를 둔 3원 가람이 나란히 배치되었는데, 이들은 지면으로 보아 같은 평지에 있다. 또 가람의 좌우측은 배산(背山)인 용화산봉에서부터 양쪽으로 감싸며 내려 뻗은 능선으로 둘려져 있고 그 아래에는 북에서 남으로 하천이 흘렀던 것이다. 가람 내부에는 9층의 석탑이 양쪽에, 그리고 9층의 목탑이 중앙에 위치하였을 것이다. 또 이들 뒤에는 각기 금당이 놓이고 그 주위에 회랑이 둘려져 각각의 구역을 한정하였다. 그리고 남북 축선상 북쪽에는 거대한 강당이 놓였고 그 양측 전방에 승방이 남북으로 길게 놓였다.

이와 같이 배치된 미륵사의 건축공간을 살펴보면 우선 외부 진입공간

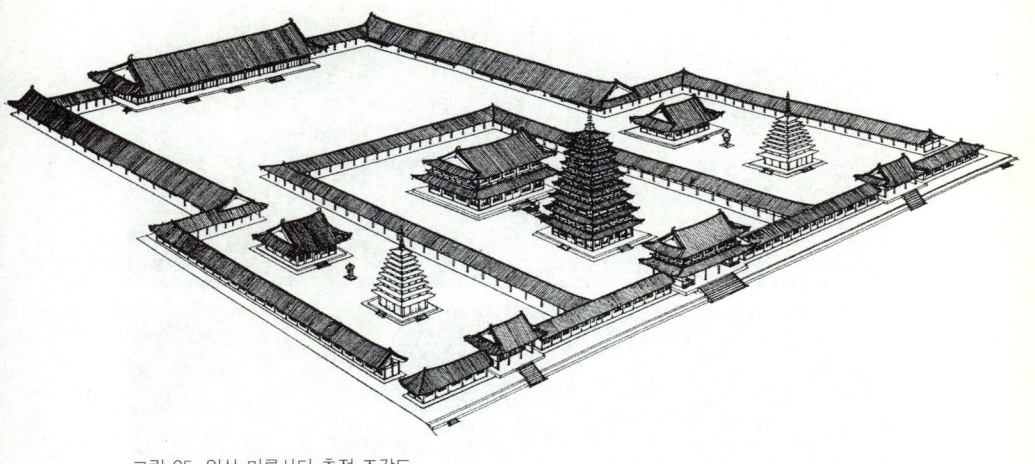

그림 25. 익산 미륵사터 추정 조감도

이 내부 주공간에 비하여 낮게 마련된 데다 큰 연못을 두고 있어 불교의 도솔천계와 인간속세를 격리시키고 속세에서 이곳으로 진입하는 동안 청결한 연못에 모든 속된 마음을 씻어버리고 불국토로 올라설 수 있게 되어있다. 그러므로 이 진입공간은 소위 시각적인 계층질서 뿐만 아니라 정신적인 인식 과정으로의 계층 질서를 표현한 것이라 할 수 있다.

또 각 가람 내정에서 탑을 바라볼 때 느끼는 시각적 · 지각적 특성은 회랑을 벗어나기 전에는 눈의 수평선과 탑의 정점에서 연결되는 Y축의 시각이 어느 위치에서 보든지 30°를 넘기 때문에 탑에 지배받는 건축 내부 공간으로서의 특성을 나타낸다.

사진 32. 익산 미륵사터 복원 모형

    결론적으로 미륵사의 건축공간의 특성은 미륵삼존의 불교 사상적 공간배치와 용화산 밑에 미륵하생계를 마련한 상징적 공간을 건축적으로 표현한 것이며, 과학적으로도 조화의 미를 갖춘 조형특성을 나타내어 우리나라 불사건축의 으뜸을 이루었던 것으로 생각된다.[75](그림 25 · 사진 32)

2) 사자사터

이 절터는 지금까지도 사자암이란 명칭으로 미륵사터 북쪽 용화산 정상부 장군봉 동남편 중턱(해발 320m)에 자리하고 있다. 사자사(獅子寺)는 『삼국유사』 무왕조 미륵사 창건 기록에 무왕이 왕비와 함께 행차하던 곳이기도 하고 또 지명법사가 있어, 미륵사 창건을 위한 터를 닦기 위하여 연못을 메울 때 도움을 받아 신통력으로 하룻밤 사이에 터를 만들었다는 기록으로 유명한 곳이다. 그러나 이곳에 알려졌던 사자암은 임시 건물과 조선시대의 것으로 보이는 작은 석탑이 있어 이곳이 기록에 나오는 사자사라고는 믿어지지 않았었다.

1992년 10월부터 이곳에 법당을 신축할 계획에 앞서 국립부여문화재연구소에서 2차에 걸쳐 발굴조사한 바 있다. 조사결과 법당터를 포함하여 5개 정도의 유구가 단을 이루며 중첩되었음을 확인할 수 있었고, 높이에 따라 석축을 잘 쌓아 경사진 좁은 공간을 잘 이용한 재치를 볼 수가 있었다. 그러나 유구의 교란이 심하여 건물의 규모나 주칸은 확인할 수 없었지만 몇 단의 잘 쌓은 축대 위에 상당한 건물을 건립하였음을 알 수 있었다.

최상층에는 조선시대의 기단 겸 석축이 놓여 있고, 그 내측과 남측에는 고려시대에 쌓은 것으로 추정되는 석축단이 노출되었다.

여기서 출토된 유물을 보면 고려시대의 것으로 보이는 청동약사여래입상과 청동여래입상·금동제투각불상·'지치이년사자사' 명 암막새 등이 출토되었고, 토층조사에서 백제 기와편이 다수 확인된 것으로 보아 초창기의 유구층은 백제의 것으로 믿어져 이곳이 『삼국유사』 기록에 있는 사자사임을 확인할 수 있었다.

3) 제석사터

중국 육조대에 육거(陸杲) 등이 찬한 『관세음응험기(觀世音應驗記)』가 있는데 여기에 보면 '백제의 무광왕이 지모밀지[76], 즉 금마에 천도하였는데, 정관 13년(639)에는 제석정사불당칠급부도 내지 낭방이 모두 소진했다.'라고 했다. 익산 왕궁리 5층석탑 동북측 제석뜰과 제석천이 있는 곳이 제석사터라 하며,[77] 이 부근 부락에서 '제석사(帝釋寺)'라 각인한 기와를 습득하였다. 1965년 왕궁리 5층 석탑을 수리할 때 발견된 유물들은 『관세음응험기』에 칠급 부도의 심초석에서 나왔다는 기록물과 유사한 점이 많았다고 한다.[78]

제석의 뜻은 『삼국유사』에 보면 제석신앙과 연결지어 '옛날에 환인이 있었다. 이는 제석을 말한다.'라고 하였고, 또 이능화는 『조선불교통사』에서 '환인은 하늘이고 환웅은 신이다. 단군은 즉 환검이고 신이다. 이것은 삼신을 말하며 불경에서 말하는 제석명과 같다.'라고 환인에 대한 천제신앙과 불교 제석신앙의 관계를 설명하면서 제와 불의 혼합사상을 시사하였다. 또 김시습의 『사유록(四遊錄)』 중에 나오는 '즉 신라왕의 내불당이며 지금의 제석원이다. 사람들이 이름난 꽃을 정원에 심어 기복할 때 바쳤는데 근래에 중들이 모두 파 없앴다.'는 기사를 통해 볼 때 제석신앙이 궁궐의 내불당에서 있었던 사실을 알 수 있다.[79] 이로 미루어 보아 제석신앙은 국조신앙과 결부되어 왕실의 권위를 높이고 보호하는 신앙으로 왕실 내에서 성행되었던 것이다.

현 왕궁리 5층 석탑에서 동쪽으로 약 1km 떨어진 곳에 제석사 터로 추정되는 절터가 있다. 이 절터의 중심부는 목탑터로 추정되며, 사방 약 12.5m, 높이 1.5m의 방형기단이 있고 기단 중심에는 심초석으로 보이는 거석이 둘로 쪼개져 있다. 이 돌을 맞추어 보면 사방 180cm, 두께 90cm 크기로 석재 윗면을 사방 125cm 정도로 평평하게 다듬고 중앙에 사방 60cm, 깊이 18cm의 사리공 시설을 하였음을 알 수 있다. 이곳 왕궁리 5층 석탑 북쪽에서는 '삼부대관(上部大官)' 명 기와가, 그 남쪽에서는 '관사(官寺)' 또는 '관궁사(官宮寺)' 명의 기와가 나온 것을 보면 이곳 관내에 관궁사를 두었던 것 같다. 이러한 자료들을 종합해 보면 왕궁리는 백제 말 무왕이 궁궐을 짓고 불사를 일으키던 중심부였을 가능성도 있다.

1993년 원광대학교에 의하여 이곳의 금당터와 강당터로 보이는 곳이 시굴되었다. 시굴 결과 목탑터 북변기단으로부터 약 25m 북편에서 추정 금당터 기단부가 노출되었는데 기단 구조는 미륵사터 금당터와 동일한 2중 기단으로 판단되었다고 한다. 또 금당터의 북변기단에서 약 25.4m 떨어져 추정 강당터의 남편기단이 노출되었다. 이곳에서는 연화문 수막새 · 당초문 암막새 · 인각와 등이 출토되었는데, 출토유물은 백제와 통일신라시대의 것들이었다.[80]

4) 왕궁리 유적

이 유적에 대하여는 앞 장인 궁궐건축에서 논하였기 때문에 여기서는 생략한다.

5) 능산리 절터

이 절터는 부여 능산리의 사적으로 지정된 백제 고분군의 서편 능선을 넘어 부여의 동라성 밖, 양 능선의 사이에 위치한 유적으로서 사찰의 성격이 일반적인 사찰의 성격을 벗어나 우리나라에서 별로 알려지지 않은 특수 사찰 유구이기 때문에 이 장에서 별도로 논하려고 한다. 또한 1993년에 금동대향로(金銅大香爐)가 출토되어 주목을 끌었던 사찰이기도 하다.(사진 33)

이곳에서는 북쪽 중앙부에 동·서의 큰방을 두고 사방에 퇴칸을 둔 건물터가 노출되었고, 그 좌우 양편에 작업장으로 보이는 규모가 작은 방을 두어 마치 본채에 익랑채를 단 형식처럼 보인다. 이 중앙부 건물을 보면 전·후 측면에는 퇴칸을 두어 초석을 배열하였고, 동·서의 방 사이에는 작은 통로를 두었으며, 서쪽방에는 동벽과 북벽을 따라 'ㄱ'자로 꺾인 외줄 구들이 있고, 방 중앙부에 성격을 알 수 없는 정방형 큰 네모석이 놓여 마치 집안의 고구려 유적인 동대자의 유적과 같은 형식을 하고 있다. 그 규모도 기단이 37.4m 남북 18m이고 방의 크기는 동서 14.3m 남북 9.7m이며 전체의 주칸은 동서 8칸, 남북 4칸의 건물이다. 이는 전술한 동대자의 유적이 전체 주칸 규모가 동서 35m, 남북

사진 33. 부여 능사터 출토 백제금동대향로

18m이고, 좌우에 있는 방의 규모는 동서 15m 남북 11m인 점과 여기서도 중앙부에 통로와 'ㄱ'자의 구들이 동벽과 북벽을 따라 연결되다가 북측으로 돌출하여 굴뚝을 설치했었다는 점, 그리고 전·후 측면에 퇴칸을 둔 것 등이 유사하다고 할 수 있다. 그러나 그곳에서는 동쪽에 통벽을 친 방을 두고 서쪽에는 트인 기둥을 세운 방을 꾸미고 있는데 반하여, 능산리 유적에서는 동쪽에 기둥을 세웠던 방을 꾸미고 서쪽에는 통벽치기의 방을 꾸민 점이 다를 뿐이다. 『삼국지』동이전 고구려조에 보면 "거처하는 곳에 좌우 큰 방을 두고 귀신에게 제사를 지내거나

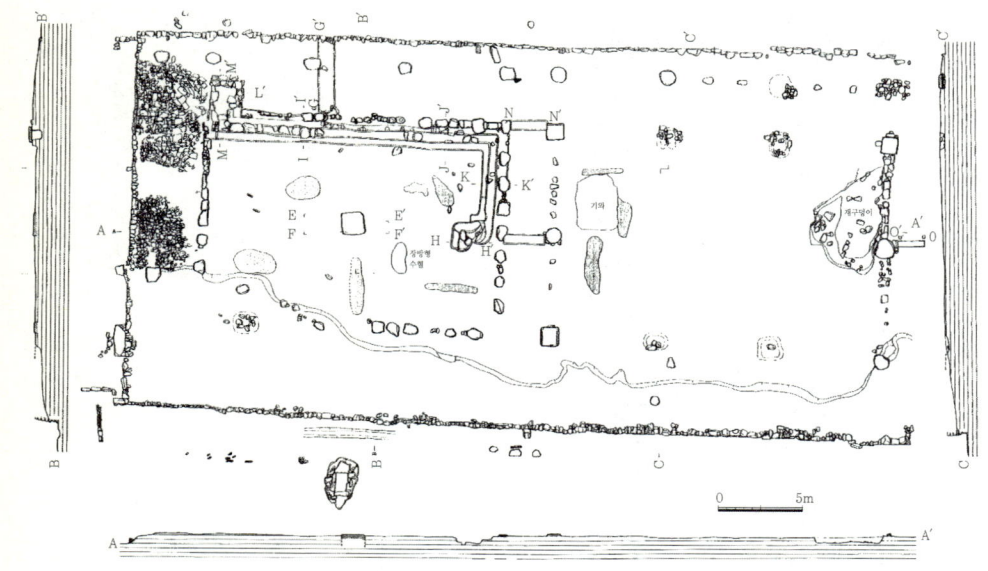

그림 26. 부여 능사터 북편 강당터 평면도

영성사직에 제를 지냈다."라고 하여 이를 조사한 중국학자는 이 건물이
바로 제를 지내던 건물이라 하였다.[81] 이밖에 평양 정릉사지에서도 초
석 배열이 특이하여 어떤 용도로 쓰였을지 확실치 않은 건물터 3개가
목탑터 북측 회랑 너머에 나란히 노출되었는데, 이는 마치 능산리 유적
에서 성격이 특이한 건물터가 여러 곳에서 나타난 것과 비유된다.(그림
13) 따라서 이 북편 중심 건물터는 강당터로 말할 수 없고, 오히려 제당
터로 추정하는 것이 적절할 것 같다. 또한 이곳은 발굴조사 결과 백제
의 연화문 와당으로 덮여진 채 2단의 지붕꼴이 드러남에 따라 아름다

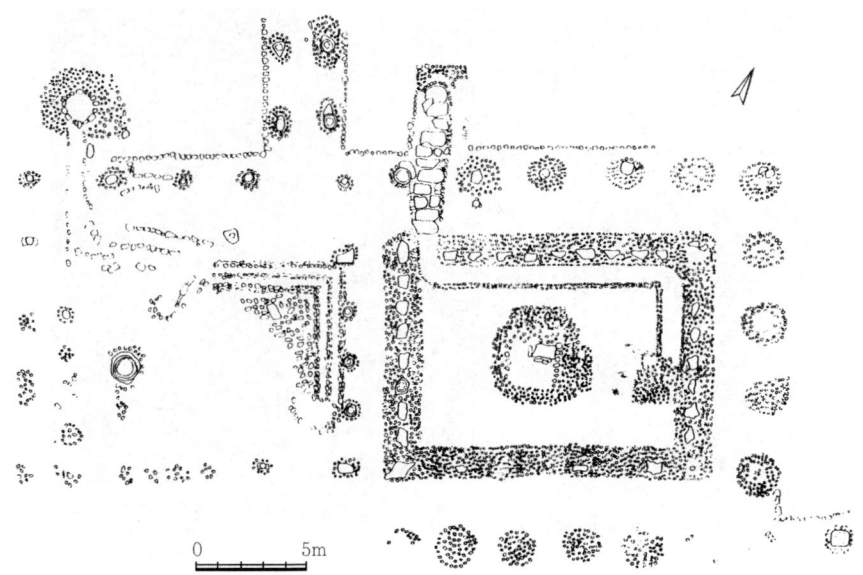

그림 27. 집안 동대자 유적 평면도

운 와당을 쓸만큼 중요한 건물이면서 소위 고대 건축에서 볼 수 있는
차양칸을 두었던 건물임이 밝혀졌다.(그림 26·27, 사진 34)

또한 서쪽 익랑채의 전면으로 최초로 발굴이 시작되었던 건물터가 남
북 방향으로 길게 놓여 동향을 하고 있다. 이 건물 역시 전후 퇴칸을 두
어 3개의 방을 연결한 것인데 전술한 향로가 이 건물터에서 출토된 것
이었다. 1994년에는 이 향로가 출토된 건물에 대칭으로 서향 건물이
동측에 나타났다.

북편 중심 건물터에서 남쪽으로 16.26m 간격을 둔 위치에서 상부가

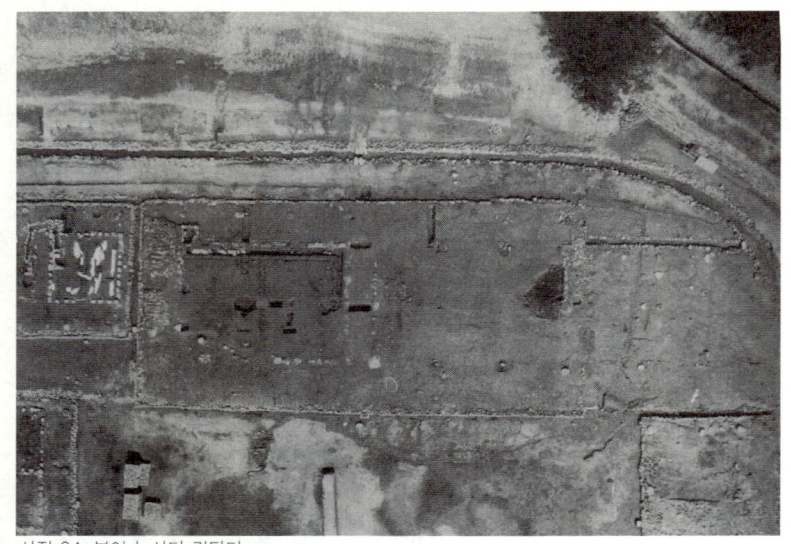

사진 34. 부여 능사터 강당터

완전히 파괴되어 원형을 알 수 없는 건물터가 발견되었다. 이 건물터는 금당터로서 동서 5칸에 하층 기단 21.62m, 남북 3칸에 하층 기단 16.16m이었다. 또 이 건물터에서 남쪽으로 7.87m 거리를 두고 또다시 한변 길이 11.73m의 방형 목탑터가 노출되었고, 그 남쪽으로 중심거리 17.34m 위치에 동서 11.6m, 남북 7.5m 규모의 중문터가 노출되었다. 그리고 이 건물의 좌우로 회랑으로 보이는 건물터가 각각 약 35m 뻗어 있었다. 여기서 특기할 것은 금당터과 목탑터의 기단 형식이 미륵사터나 다른 백제 절터에서 볼 수 있는 이중기단이라는 점이다.[82](그림 28·사진 35)

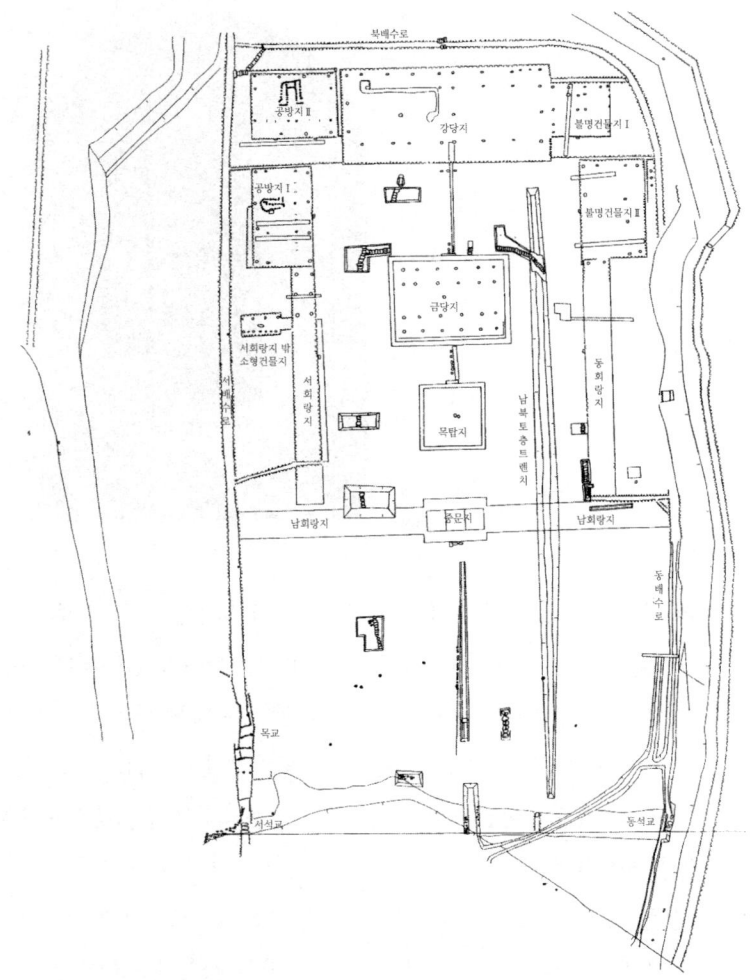

북배수로

공방지Ⅱ

강당지

불명건물지Ⅰ

공방지Ⅰ

불명건물지Ⅱ

동회랑지

금당지

서회랑지 밖
소형건물지

서
배
수
로

서
회
랑
지

목탑지

남
북
토
출
트
렌
치

남회랑지

중문지

남회랑지

동
배
수
로

목교

서석교

동석교

그림 28. 부여 능사터 배치도

사진 35. 부여 능사터 사리함

　그런데 목탑터 중앙 심초자리에는 심주로 사용되었던 듯한 심주편이 남아 있었다. 여기서 사리 장엄구로 사용하였던 석재가 발견되었는데 이것은 아치를 이룬 돌에다 사리 장치를 보관할 수 있는 감실을 만들고 그 주변에는 '백제창왕13년태세재정해매형공주공양사리(百濟昌王十三年太歲在丁亥妹兄公主供養舍利)'라는 글자가 음각되어 있어 567년 창왕(위덕왕)대에 창건된 건물임을 밝힐 수 있었다.(사진 36)

　이와 같은 성격으로 보아 이 건물터는 백제왕들을 모시고 제를 지내던 소위 신묘 성격의 사찰임이 틀림없고, 건물의 배치로 보아 남북 축선을 따라 남쪽에서부터 중문·탑·금당 그리고 대형건물터 등으로 일

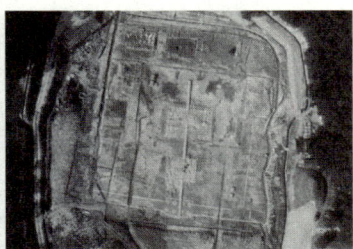

사진 36. 부여 능사터 전경

탑식 가람을 이룬 절터임이 확인되었다. 또한 이 절터의 가람은 동·서 회랑간 중심거리가 약 53m이고 중문터에서 제당터까지의 중심거리가 약 72.5m가 되어 전술한 정림사터와 비슷한 규모를 갖는다. 다만 여기 서는 중문터에서 목탑터 중심거리가 약 17.3m이고 목탑에서 금당터의 중심거리는 21.9m이며 금당에서 추정제당까지의 중심거리는 33.5m 였다. 다른 백제 사찰터의 경우 중문-목탑 거리가 목탑-금당 거리와 같은데 비해 이 사찰은 약 4.5m의 차이를 보인다.

　한편 이 가람의 북쪽에서부터 흘러내리는 개울은 동·서 양측으로 갈 라져 내려오다가 가람 남쪽의 연못지로 흘러 들어가고 여기서 다시 밑 으로 흐른 것으로 나타났다. 뿐만 아니라 동측 개울을 건너는 목교가 노출되어 우리나라 교량사를 연구하는 좋은 자료가 되고 있다.

사진 37. 부여 능사터 출토 유물

이곳에서 출토된 유물로는 전술한 향로를 비롯하여 금동광배편·금동제 방울·소조불편·토기등잔·연화문 막새·목기·서까래기와 등이 있다.(사진 37)

7. 백제사찰과 관련된 기타 사찰과의 비교

백제는 384년 동진으로부터 불교를 받아들여 6세기 초 일본에 불교를 전하였다. 이러한 사실은 기록에만 있는 것이 아니고, 실제 관련된 유구들을 살펴보면 어느 정도 판단이 된다. 특히 일본의 고대사찰은 고구려와 백제의 영향을 받은 사찰이 많이 남아있다. 예를 들어 일본의 아스카데라(飛鳥寺)는 고구려의 가람 형식인 3금당 1탑식을 나타내는가 하면 사천왕사는 백제의 가람 형식인 1탑식을 영향받아 그대로 답습한 사실을 알 수 있다.(그림 29) 이러한 영향력은 초기 신라에도 미쳐 신라의 황룡사와 그 9층 목탑에도 나타났으리라 추정된다.

또 중국의 당대 건축들은 신라 건축에 많은 영향을 끼쳤고, 지금 남아 있는 목조건축 중에도 서로 유사성을 갖고 있어 비교 연구할 만한 필요성을 갖게 한다. 즉 실제로 평면적 유구 외에는 자료가 거의 남아 있지 않은 상황에서 백제 건축의 복원적 고찰을 시도하려면 관련 있는 이웃나라의 유구나 유물과의 유사성을 참고삼아 같은 계통을 찾고 비교 연구해 나가는 작업이 반드시 필요하다. 따라서 여기서는 백제의 사찰건축과 관련된 일본 사찰을 중점적으로 비교연구하는 한편, 중국의 유구

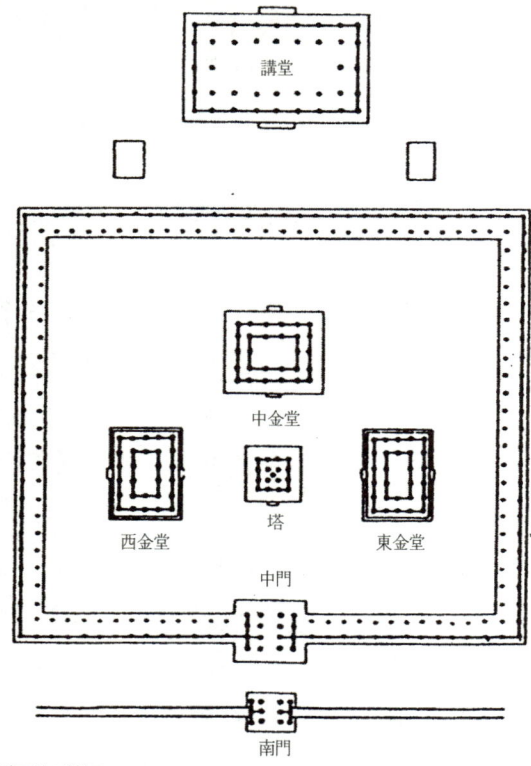

講堂

中金堂

西金堂　　塔　　東金堂

中門

南門

그림 29. 일본 비조사 배치도

와도 비교하여 복원의 자료로 삼고자 한다.

1) 일본의 관련된 사찰들과의 비교

여기서는 먼저 일본과 관련된 불교 관계 기록을 살펴본 후 실제 밝혀진 유구를 알아보기로 한다. 대부분의 기록은 『일본서기』를 비롯한 일본 측 문헌을 위주로 찾아보았다.

[백제와의 관계]

□ 545년(欽明王 6) 9월, 백제는 일본 왕을 위하여 장육불상을 만들었다.

□ 552년 10월, 백제의 성명왕(聖王)은 금동석가불상 1구, 번개(표식을 한 덮개) 약간, 경론 몇 권을 보내옴.

□ 554년 2월, 백제의 승 담혜 등 9명을 승 도심 등 7명으로 대신함(바꿈).

□ 577년(敏達王 6) 11월. 백제왕은 경론 몇 권·율사·선사·비구니·주금사(주문으로 병을 낳게 하는 자) 조불공·조사공 6명을 보내왔다. 이것을 난파대별왕사(難波大別王寺) 등의 사찰에 안치하였다.

□ 584년 9월, 백제로부터 미륵석상 1구와 불상 1구를 들여와서 소아마자는 이를 청하여 안치함.

□ 588년(崇峻王 元年), 백제는 국사를 위시하여 승 혜총·영근·혜식 등을 파견하여 불사리를 보냄. 또 백제는 계속하여 불사리와 승 영조율사·영위·혜중·혜숙·도엄·영개, 사공인 태양미태·문매고자·노반박사·장덕백매순·와박사·마나문노·양귀문·능귀문·석마제미·화공 백가를 보냄. 소아마자는 백제 승을 청하여 계법을 들었다. 선신니 등을 백제 국사로 보내 학문을 배우게 함.

□ 590년 3월, 학문니 선신 등이 백제로부터 돌아와 앵정사에 머물렀다.

□ 595년(推古王 元年), 백제 승 혜총이 일본에 옴.

□ 596년 11월, 혜총과 고구려 승 혜자가 같이 법흥사에 머묾.

□602년 10월, 백제 승 관륵이 일본에 오고 역목과 천문지리서 둔갑방술서를 들여 옴.

□690년 4월, 축자(筑紫)의 대재가 백제 승 도혼·혜미를 위시하여 10명, 속인 75명 이 비후국위북진에 정박함을 허락함. 5월에는 백제 승 등 11명을 원흥사에 머물게 함.

□612년, 백제로부터 온 사람이 남정에 수미산형 또는 오교를 세움. 또 백제인 미마지가 화하여 기락무를 소년에게 가르침.

□624년 4월, 백제 승 관륵을 승정으로 함.

□639년(舒明王 11), 백제천 옆에 9중탑을 세움.

이상의 기록으로 보아 일본은 삼국 중 백제와의 교류가 가장 활발했으며, 이 외의『원흥사가람연기병류기자재장』과『상궁성덕법왕상설(上宮聖德法王常說)』등의 기록을 보면 일본의 불교는 538년에 백제의 성왕이 금동석가불과 경론을 보냄으로써 전파된 것으로 알려져 있다. 일본의 불교가 백제로부터 전래되어 아스카 시대에 최초로 불사를 일으킨 것은 소아(蘇我)에 의해 대화(大和)평야의 남부 비조(飛鳥) 지역에 세워진 비조사였다.[83] 따라서 이 시기에 이르러 일본에는 우리나라 삼국시대 형식의 사찰 건축이 최초로 세워진 것이다. 이후부터 일본의 사찰 건축이 성행하여『일본서기』624년(推古天皇)조에 보면 사찰 수가 46개소나 되었고 승(僧)은 816명, 니(尼)는 569명이 있었다고 한다.

이제 백제의 영향을 받은 일본의 고대 사찰의 예를 든다면 다음과 같다.

(1) 아스카데라(飛鳥寺)

이 절은 592년(崇峻王 5)에 금당과 회랑이 만들어지고 593년(推古王 원년)에는 탑을 만들기 시작, 불사리를 탑의 심초 속에 안치하여 596년에 낙성하였다. 또 609년에는 금당 안에 장육석가동상을 완성했다고 한다.[84] 이 절터는 소위 대화의 삼산으로 둘려진 아스카 시대의 도읍지인 넓은 들에 있다. 이 절터의 발굴은 1956~1957년에 이루어졌다.

금당터는 정면이 21.2m, 측면이 17.5m 정도로 건물터 주위에는 빗물받이로 폭 약 1m쯤 되게 냇돌을 깔았다. 금당터의 남쪽에는 돌로 폭 2.8m의 참도를 깔았고, 이 위에는 백대리석으로 된 석등대석이 남아 있었다. 참도를 따라서 남쪽으로 11m 정도 가면 한변이 7m인 장대석 기단과 낙수받이가 있는 추정 탑터가 노출되었다. 금당터에서 서쪽으로 65m 지점에 동서 5.4m 남북 11.5m가 되는 서문터가 있었고, 탑터

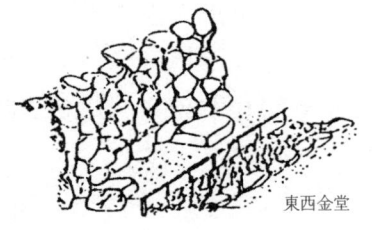

東西金堂

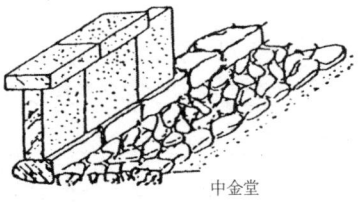
中金堂

그림 30. 일본 비조사 금당 기단 조감도

의 서쪽에서는 서금당터가 노출되었는데 그 기단은 2중 기단임이 확인되었고 건물의 규모는 동서 14.8m, 남북 19.3m임이 밝혀졌다.(그림 30)

중금당터과 탑터의 기단은 지대석 · 면석 · 갑석을 갖춘 가공석 기단에 주위에 부석을 깐 하층기단으로 이루어져 있고, 서금당터는 냇돌쌓기 상층기단과 판석을 이어 깐 하층기단으로 되어 있다.

이 건물터가 서금당이었다는 사실은 『일본서기』에 보이는 녹심신이 백제로부터 모셔온 미륵석불을 안치한 곳이 바로 비조사의 동금당이었다는 연구 결과에 의한 것이라 한다.[85] 따라서 동금당터가 예측되어 발굴조사를 한 것이다. 동금당터는 정면 5칸, 측면 4칸이다. 탑에서 남쪽으로 2.5m 폭의 포석도가 있었고 이를 따라 24m 내려와서 중문터가 있었다. 그 규모는 정면 16.7m, 측면 13.3m로 위에 남은 초석으로 보아 정면과 측면이 3칸으로 중층의 문임을 추측할 수 있다. 이 중문터의 양측에는 회랑터가 노출되었는데 그것은 단랑터로서 탑과 중심거리 110m에서 동회랑터가 노출되었고, 이것은 탑과 동금당의 중심거리 55m의 2배이다. 또 중문 남변에서 남쪽으로 4.3m 떨어져 남문터가 노출되었는데 동서 10.5m, 측면 8.4m로, 이것은 중문보다는 작은 규모의 맞배 건물로 추정되었다. 이 중문과 남문터 사이에도 폭 3.5m의 포석도를 깔았다.

위의 보고자는 발굴조사중 『일본서기』 기록에 있듯이 백제공인이 지도한 흔적을 몇 가지 들고 있는데 첫째, 중요 건물초석이나 기단을 화강석으로 했다는 것과, 둘째, 회랑의 초석 등 종속적인 것은 응회석을 사용한 점으로 보아 이 공인은 일본 재래의 장인을 동원했다 하더라도 기와의 무늬 등은 백제의 것과 같다는 점, 셋째로 가람의 배치방법 등을 들었다.

1957년 제3차 발굴에서 탑자리 기단 중심부에 지름 2m 가량의 원형으로 목탄이 얹혀있는 부위를 조사했다. 그 조사 결과, 지하 약 50㎝ 위치에 직경 80㎝ 정도의 화강석으로 된 초석 2개가 포개져 있었다. 그 중앙에는 지름 20㎝의 구멍이 뚫려 있었고 아래 초석의 구멍은 점질토로 덮여 있었다. 흙을 제거하니 그곳에서 육면체의 상자가 출토되었고 주위에는 호박옥·유리옥·금동제영락 등이 있었다. 또 상자 속에는 계란형과 같은 연화좌를 둔 금동제 사리용기가 나왔다. 이 육면체 나무상자는 회나무로 만들어진 것이었으며 한 변이 10㎝ 였다. 그 측면에서 묵서(墨書)가 나왔는데, 여기에 의하면 본래의 비조사[원래는 元興寺] 탑 사리의 일부를 후에 다시 수장하였음을 알 수 있었다.[86]

사적기에 따라 당시 불이 난 이듬해 수백 과(果)의 사리가 출토되었다는 것을 참작하여 지면 아래층을 조사하던 중, 깊이 약 2.7m 되는 곳에서 한 변이 2.4m나 되는 큰 화강암의 심초를 발견하게 되었다. 그런데 이 심초석의 상면은 평평히 깎고 중앙에는 한 변이 30㎝인 수장공이 있었으며, 사리공 안의 동벽에는 감을 파 놓았다. 이 수장공에는 덮개석이 있었던 것으로 믿어지며 그 주위에는 가늘게 파놓은 작은 홈이 있어서 배수를 꾀하였다. 이러한 예는 우리나라 황룡사 심초석에서도 발견되어 그 형식이 서로 관련되어 있음을 알 수 있다. 심초 주변에서는 원래의 것으로 보이는 금환이식·금구·동제마령·곡옥 등이 중요 유물 2천여 점이 출토되었다. 이것들은 기록에 있는 바와 같이 593년 1월 15일에 봉안한 것으로 믿어진다고 하였다.

회랑터는 중문을 연결하여 단랑으로 이어지는데 북쪽으로 꺾여 3개의 금당을 둘러쌌다. 그 규모는 동서 104m, 남북 80m로 북쪽의 강당터는 이 회랑터의 밖에 놓였다.

특히 남문터보다도 더 큰 규모의 서문터가 서회랑 밖에 있음은 서편 비조천(飛鳥川, 아스카가와)을 건너 약 80m 거리에 동향한 1탑식 가람인 풍포사가 있었기 때문에 그 왕래를 위한 것으로 추정된다.

이 비조사에서 출토된 와당은 백제의 것과 거의 유사하다. 주연은 소문이고 연판은 백제의 것이 보통 8개인데 여기서는 9개인 것도 있으며 연판과 연판 사이 계선이 돌기되어 뚜렷하다. 또 자방 안에는 5~6개의 연자가 있다.

(2) 시텐노지(四天王寺)

사천왕사는 대판부(大阪府)의 중세에 조영된 대판성 남쪽에 위치하고 있다. 『일본서기』에는 '593년에 난파(難波, 나이와)에 사천왕사를 만들기 시작했다'고 하였고 '648년에 5층탑이 완성되었다'고 하였다.[87] 이는 아스까 지역에서 득세하던 소아(蘇我)가 645년에 붕괴되고 그 대신 일어나기 시작한 효덕 중대형(中大兄) 정권이 아스까의 세력에서 보

호받기 위한 수호사로서 창건하게 된 것이라고 한다. 이 절터는 1955
년부터 1957년까지 약 3년 동안 발굴조사 되었다.

그 가람 배치를 보면 남북축선상에 남에서부터 남문터 · 중문터 · 목
탑터 · 금당터가 놓여 있었다. 중문터의 좌우에는 남회랑터가 연결되어
뻗어가다가 북으로 꺾여 동 · 서회랑을 이루고 강당 양측에서 다시 강
당쪽의 남변과 거의 선을 맞춘 북회랑터를 이룬다. 또 서회랑터의 중
앙부에는 서문터가 연결되어 있다. 또 강당터 북측에는 좀 떨어져서 대
형의 건물터가 놓였는데 그 사이에 종 경루터로 보이는 방형 건물터가
있고 그 안쪽에도 두 채의 작은 건물터가 있다.(그림 31)

이러한 가람의 배치는 우리나라 백제시대의 전형적 가람인 1탑식 가
람과 같아서 백제 건축의 직접적인 영향을 받은 것으로 믿어지며, 일본
에서는 소위 사천왕사식 가람으로 불린다. 발굴조사보고에 따라 건물
터별로 기술하면 다음과 같다.[88]

중문터는 1813년에 재건되었으나 태풍으로 붕괴되었고 그 후 다시 재
건되었다가 제2차 세계대전으로 소실되었는데 그 이전에도 여러 차례
중건되었음이 조사결과 확인되었다. 창건 당시의 중문은 정면 3칸, 측
면 2칸으로 주칸거리는 모두 10척이다. 이후 '나라(奈良)' 전기의 중문
을 확장하고 또 960년 화재 이후에 중건된 중문기단은 동서 60척, 남
북 30척, 높이 2.5척으로 화강석 냇돌을 혼용하여 만든 것이다. 이 때
주칸은 동서 5칸 55척, 남북은 2칸 또는 3칸 13척이었다.

회랑터의 남회랑은 제2차 세계대전 이후 콘크리트 기초 위에 복원된

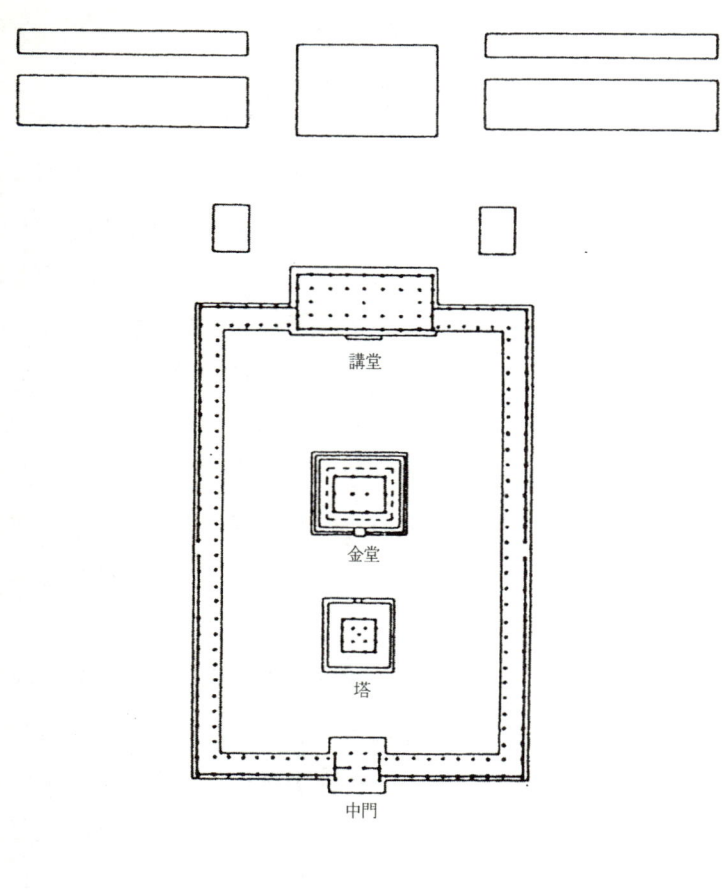

講堂

金堂

塔

中門

그림 31. 일본 사천왕사 배치도

것이고 동·서 북회랑은 1812년에 재건된 것으로서 특히 서회랑은 창건 때의 기단 위치가 거의 변동되지 않은 것을 확인하였다. 이 회랑은 3차에 걸쳐 중수 내지 중건되었는데 창건시기의 주칸과 중건시의 것은 별 차이가 없는 것으로 추정되었다.

탑터도 역시 전후에 콘크리트 기초만 남아 유구가 많이 손상되었으므로 정확한 내용을 파악하기 어려웠다. 초창기의 기단은 황갈색 점토층으로 형성된 것으로 보이며 그 규모는 발굴조사 보고서에서 밝혀지지 않았다. 그러나 1936년 재건할 당시 탑터의 조사 보고에 의하면 기록상으로 5층탑의 건립 연대를 확인할 수 없었지만 금당과 같이 일찍 세워졌다고 한다. 최근 재건공사를 위한 조사에서 원래의 초석과 심초석이 출토되었는데 기단은 한 변이 40척으로 실측되었고 지대석이 일부 남아 있었다. 또 초석 밑에는 받침석이 놓였는데 경우에 따라 이 받침석이 없는 것, 또는 받침석과 초석 사이에 냇돌을 고여 놓은 것도 있었다. 이러한 초석 밑에 놓는 받침석은 근본적으로 우리나라 백제의 미륵사터의 금당 초석과도 상통된다. 창건 당시의 주칸은 정 측면이 각 3칸으로 사천주와 심주가 있는데 그 간살을 정확히 알 수는 없으나 약 7척 정도로 추정한다.

또 심초는 지하 7.63척에 놓인 대형의 초석으로서 상면에는 직경 약 3.6척의 원을 이루어 이 원주에 가는 홈을 팠다. 여기에서 목탄가루가 발견되어 이 위에 심주를 세웠던 것으로 추측되었다. 그러나 19세기 초 문화기에 재건된 5층탑의 심초석은 이 윗면으로부터 약 11.95척 높은 위치에 놓였다. 탑터 창건 토층에서 출토된 막새기와는 우리나라의 공주 지역에서 출토되는 소위 대통사식 무늬에 속하는 것이다.

사적기록에 의하면 금당은 960년에 소실된 후 여러 번에 걸쳐 재건과 도괴를 거듭하였는데, 창건기의 기단은 최종기단 밑 1m 아래에 있었다. 원래의 기단의 규모는 정면이 63.2~63.8척이고 측면이 52.36~52.8척이 되었다. 보고자는 복원치로써 고려척 정면 54척, 측면 44척으로 가정하고 있다. 또 당시 금당의 평면 주칸은 차양칸까지 합해서 정면 5칸, 측면 4칸으로 추정하고 있는데, 이는 법륭사 금당과 비슷한 규모라고 하였다.

강당터는 1950년에 조사된 바에 의하면 17세기 초 재건시의 초석과 기단 전 후면의 응회암 석축, 북측 기단에 있는 기와무지, 또 중심축선 상에 나타난 굴립주혈이 밝혀졌다. 그리고 1956년의 발굴조사에서는 전면과 후면의 창건 당초의 기단인 응회암 지대석이 발견되었으며 옛 기단의 북방 외측에서 아스카 시대와 나라 전기의 치미가 발견되었다. 그리고 강당터 역시 3회에 걸쳐 중창되었음을 알 수 있다. 특히 창건시기의 기단 응회암 지대석이 출토되어 그 평균 규모가 확인되었고 기단의 후측에 떨어져 매몰된 지붕귀 부분에 목재편과 풍탁 등이 출토되었는데 이는 나라시대에 중건되었다가 평안(平安)시대에 도괴된 것으로 추정되는 것들이다. 이 창건기 기단의 크기는 지대석 외면석으로 보아 동서 길이 106.5척, 남북 49.7척이었는데 정면에는 폭 26척의 계단이 있었던 것으로 보인다. 붕괴된 지붕 목재로 보아 하앙식 구조와 둥근

사진 38. 일본 사천왕사 전경

서까래로 된 선자를 갖춘 지붕으로 삼수선두공이라고 보고자는 설명하고 있다. 여기서 출토된 추녀와 서까래 형식은 우리나라 고건축과 같이 선자로서 추녀곡과 처마곡선을 이룬 것을 알 수 있다.

이 유적의 가람 규모는 동서 236.6척이고 남북은 331.5척이다. 가람의 배치를 보면 중문터에서 탑터까지 중심거리는 95.56척이고 탑터와 금당사이는 97.54척, 그리고 금당과 강당사이는 136.6척으로 그 거리의 비가 1 : 1 : 1.4가 되어 먼저 기술한 백제의 군수리 절터와 그 비가 같다. 또한 여기서 출토된 막새 중 초창기의 것으로 보이는 막새와 그 직후기의 것으로 보이는 막새는 8엽판 연화문의 백제계의 것이므로 초창기에 백제의 영향을 받은 사찰임이 확실하다.

근년에 들어 유적 전체는 콘크리트로 완전히 복원되었는데, 그 과정에서 지붕의 곡선이라든가 구배 등은 조화롭게 처리되지 않았으며 지하의 유구도 모두 파헤쳐진 점은 매우 실망스러운 부분이다.(사진 38)

(3) 호류지(法隆寺)

이 절은 586년 일본 용명왕이 중병을 앓게 되자 그의 누이인 추고왕과 아들인 성덕태자에게 절을 세우도록 하였다. 그런데 그가 죽게 되자 뒤의 두 왕과 태자가 그의 명복을 빌기 위하여 이 절을 세웠다고 한다.[89] 이곳의 금당 약사상광배명에 의하면 용명왕이 발원하였으나 그의 죽음으로 중단되었다가 607년에 완성되었다고 기록되었다. 이 법륭사의 동남쪽에는 원래 반구사(斑鳩寺, 아카루카지) 또는 약초(若草) 가람으로 불리는 절터가 있는데 이는 법륭사의 동원이라고도 하며 현재의 서원 가람보다는 앞서는 절터로 알려져 있다. 이 약초 가람은 백제식 일탑식이었는데 670년 벼락으로 소진되었고 그 후에 가람중심을 서북방인 현 위치로 옮겨서 세웠다고 한다. 643년에 태자가 죽은 후 그가 세운 반구궁(斑鳩宮)은 전쟁으로 불타고 그 후 나라시대에 이르러 739년 태자의 유덕을 기리기 위하여 팔각원당의 몽전(夢殿)을 중심으로 태자의 영묘인 동원 가람을 세운 것이다. 현존하는 법륭사는 670년 화재가 있은 후 다시 세웠다는 소위 법륭사 재건론과 당초부터 법륭사와 약초사는 별도의 가람으로서 용명왕이 약사상을 봉안하기 위하여 세운 것이 현 서원의 가람이고, 곧이어 성덕태자가 석가상을 봉안하기 위하

여 세운 것이 약초사(若草寺)라고 주장하는 비재건론으로 나뉜다.[90]

현존하는 법륭사 가람에 대하여 살펴보면 다음과 같다. 우선 가람 전체는 '凸'자 평면의 회랑으로 둘러쳐져 있으며 그 안에 금당과 탑이 동서 횡축선상에 놓여있다. 대체로 이 건물 사이의 중간점을 통과하는 남북 중심축선상에 중문과 강당이 놓이는데 중문은 남회랑과 접하고 강당은 북회랑과 접한다. 북회랑은 다시 남쪽으로 꺾여 내려오다가 종 경루와도 접하는데, 이와 같은 회랑의 평면은 925년에 강당과 종루 등이 소실되고 나서 990년에 재건된 이후에 이루어진 것으로 보아야 할 것이다. 왜냐하면 1948년의 발굴조사 결과 강당을 밖으로 하여 그 전방에 동·서 두 회랑과 연결되는 원래의 북회랑터가 발굴 조사되었기 때문이다. 그러므로 원래는 회랑이 중문과 연결되어 탑과 금당을 에워싸 방형을 이룬 것이고, 강당과 종 경루는 회랑 밖에 놓인 것으로 판단되었다. 또 동·서 두 회랑 밖에는 남북으로 길게 놓인 승방터가 노출되었다. 회랑 안의 탑은 서편에 놓이고 금당은 동쪽에 놓이어 소위 동전서탑(東殿西塔)의 가람을 보이고 있는데, 이러한 가람은 일본의 법륭사·법기사·관음사 등이 있다.(그림 32)

법륭사 가람의 규모는 동서 전체 폭이 약 90.5m, 남북의 회랑 외선 길이가 약 86.7m이며 북측의 회랑 돌출부가 약 23.7m이다. 이 중 원래의 중심곽을 둘러싼 회랑의 규모는 동서는 위와 같고, 남북은 63m이다. 또 금당과 탑의 중심거리는 약 31.5m이다. 여기에 남아있는 건물들을 살펴보면 다음과 같다.

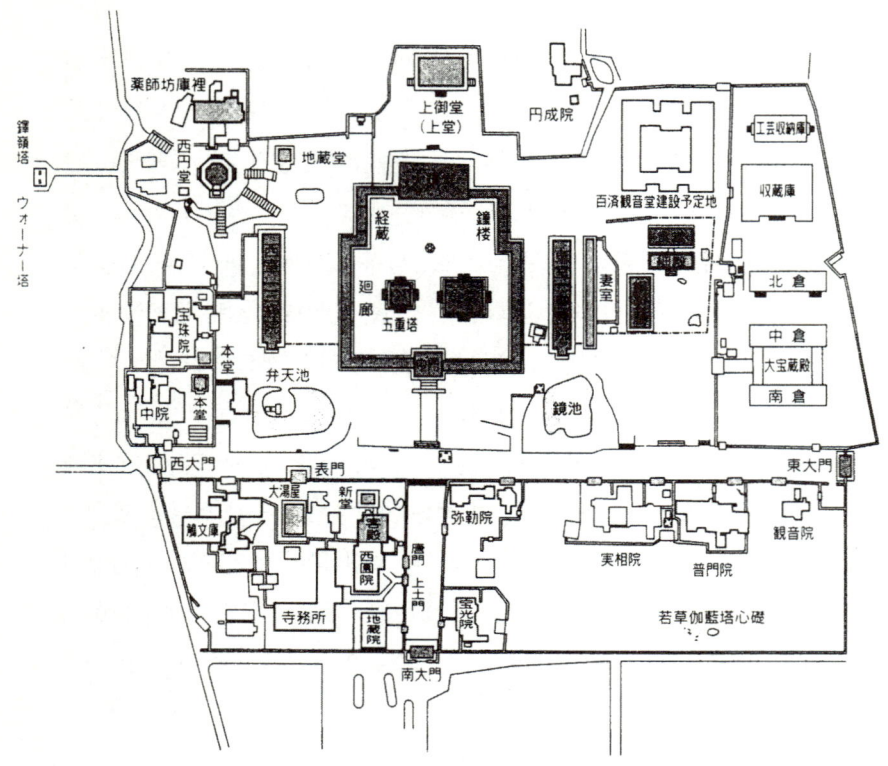

그림 32. 일본 법륭사 배치도

목탑은 금당과 같이 창건 때부터 있었던 것으로, 지금 일본에 남아있는 탑 중에서 제일 오래된 것이다. 금당과 더불어 기록에 나타난 수리만도 10여 차례가 넘는다. 17세기에 큰 수리를 한 것으로 알려져 있다. 과거 여러 차례의 수리로 인한 원형의 변화도 1941년부터 1952년까지의 복원으로 거의 본 모습을 찾았다. 기단의 크기는 이 시대에 다른 탑들과 비슷하여 상층기단 한 변이 41.1척이다. 탑의 전체 높이는 지상에서 112.4곡척으로 금당 높이의 약 2배이며, 이것은 천평척(당시 일본에서 사용한 척도)으로 115척이 된다. 기단은 2중 기단으로서 지대석과 면석 그리고 갑석을 짜올린 우리나라 미륵사터의 것과 유사하다. 그러나 여기서는 면석 사이에 탱주를 사용하여 신라의 기단 구조와 같은 부분도 있다. 탑의 주칸은 사방 3칸으로 되어 있고 내진에 사천주를 두었으며 그 외부로는 차양칸을 돌리었다. 그러나 차양칸의 기둥은 상층기단 위에 놓인 것이어서 이것이 처음 창건 때부터 있었는지는 확실하지 않다. 층수는 5층이고 매 층마다 주칸은 3칸이지만 5층은 2칸으로 줄었다. 1층의 각면에는 중앙에 판문을 달고, 차양칸 안 협칸에는 붙박이 살창이 있다. 또 2층에서 4층까지는 중앙에 판문을 달고 양 협칸에는 벽으로 처리하였다. 그리고 5층에는 개구부(開口部)를 두지 않았다. 2층에서부터 외벽 밖으로 난간을 돌리었는데 그 살무늬는 우리나라 안압지에서 출토되었던 고식의 만자살 무늬이다.(사진 39)

　탑의 구조 형식은 금당과 비슷한 하앙과 첨차·운형첨차 등을 사용하여 지붕처마가 깊게 뻗은 형식인데 서까래는 각연을 사용하였고 그 끝에 금속장식을 붙였다. 추녀 밑에 귀 하앙재를 받치는 사자상이 있어 특이하고 1층 내부 각 면에는 수미단을 꾸미고 그 위에 소조불상들을 봉안하였다. 또 탑의 주 가구는 탑 중심에 지름 2.7척의 8각기둥을 탑 상륜부까지 올리고 그 주위에는 사천주를 두고 있는데, 기둥은 상부까

사진 39. 일본 법륭사 5층탑

지 올리지 않고 1층 내부의 반자와 두공을 짜서 받치는 기능을 주로 갖고 있어 역학적으로 제대로 지지가 되지 못하는 것 같다. 그러나 이 사천주는 그 윗층의 변주를 받치고 있는 하앙을 지지함으로써 밑에서 간접적으로 받치고 있다. 또 하앙을 밑바탕으로 한 서까래의 걸침과 그 위에 층도리를 돌려 2층 변주를 받친 가구 형식으로 보아 탑의 모든 하중은 1층 변주와 사천주에 어느 정도 분담되어 실려 있다. 그러나 심주는 지하에 놓인 초석 위에 세워져 노반까지 연결되어 있는데 각층의 구조재와 거의 연결되지 않은 독립된 형태로서 탑의 횡력을 지지하고 있다. 이와 같은 구조의 특징은 각층의 하중이 그 층의 변주를 통하여 층도리와 하앙·보와 첨차·장혀 등에 전달되어 하층에 전해지는 가구 형식이므로 각층 주칸의 체감을 비교적 자유롭게 할 수 있다. 그러나 이러한 방법은 서까래와 하앙에 실리는 하중 때문에 상부 하중으로 인해 고장이 나기 쉬운 구조이다. 우리나라 법주사 팔상전과 같이 심주와 사천주, 그리고 내고주를 둔 구조와는 다른 형식으로, 대형인 경우 구조상 불합리한 것 같다.(그림 33·34)

탑의 기둥에는 배흘림이 있고 주두나 소로는 굽받침을 두어 고식을 나타내고 있다. 첨차는 금당이나 옥충주자(玉蟲廚子)에서 보이는 운형 첨차를 하고 주심에 놓이는 소로도 구름무늬를 하고 있어 대단히 화려하고 우아한 목조탑이라 할 수 있다.

심초석은 기단상면에서 약 10척 아래에서 나왔다. 심초석의 크기는 직경 6척 정도이며 화강암 윗면을 평평히 다듬고 가운데에 직경과 깊이가 약 9촌(寸) 가량 되는 원통형 구멍을 뚫어 사리를 봉안하였다. 이렇게 심초를 땅속에 묻어 굴립주처럼 조성하는 경우는 이미 기술한 아스카지(飛鳥寺)·시텐노지(四天王寺)나 약초가람터 등에 있었던 아스카시대에 일반적으로 쓰여진 고식의 공법이다. 사리공에서는 향동 대

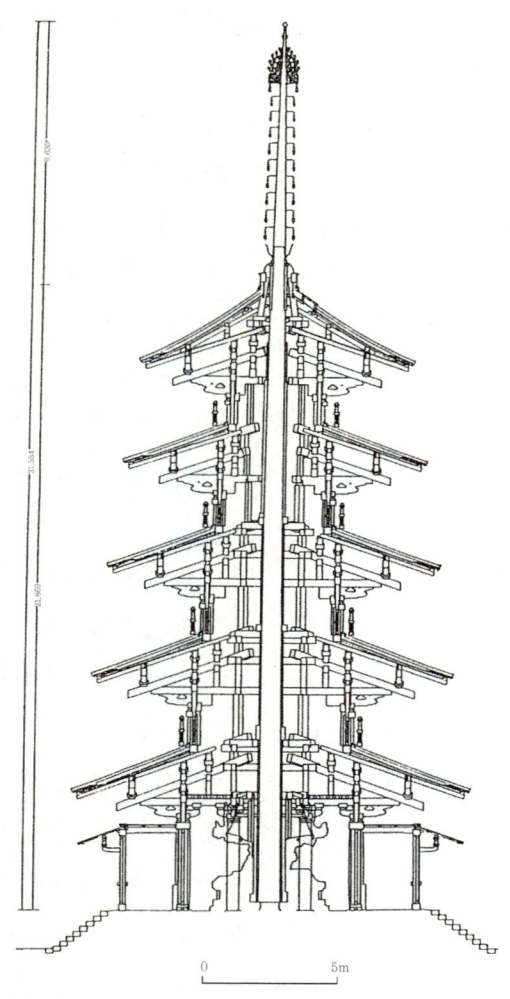

그림 33. 일본 법룡사 5층탑 단면도

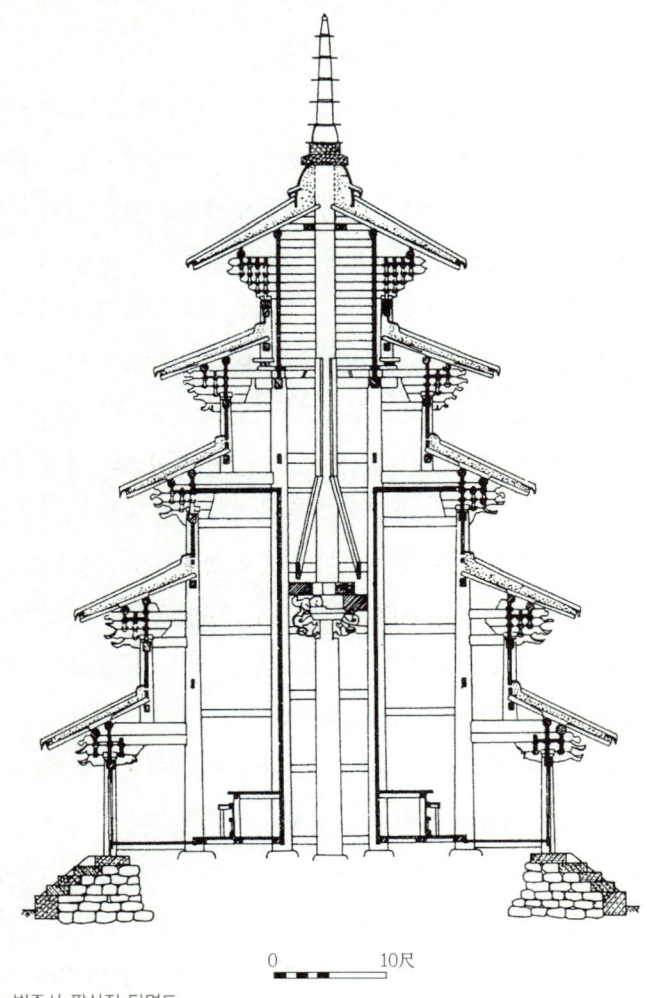

0   10尺

그림 34. 법주사 팔상전 단면도

완·도금향동합자·난형투형은용기·금용기·유리제사리병·금수포도문경 등 사리장엄 유물들이 출토되었다.[91]

금당이 세워진 연대는 대체로 670년 화재 이후로 보고 673~686년 사이에 초창된 것으로 추정된다. 그동안 여러 번의 수리를 거치면서도 건물의 주요 부분이 원형을 보존하고 있어 다행스럽다. 그러나 이곳에서도 차양칸을 비롯한 상층에 용이 조각된 활주 등은 초창기의 것이 아니고 후기에 첨가된 것으로 보인다. 건물은 2층으로 되어 있다. 1층이 정면 5칸, 측면 4칸으로 되었고 상층은 4칸과 3칸으로 되었으며 차양칸은 원형으로 보아 정면이 9칸 측면이 7칸이다. 주칸은 고려척으로 9척과 6척으로 계획되었음을 알 수 있다. 입면상 하층의 전면 중앙 3칸과 후면 중앙 1칸 및 측면의 중앙 북측 칸에는 출입 판문을 달고 기타는 토벽으로 처리하였다. 또 상층은 각 면의 중앙 2칸을 살창으로 하였다. 기단은 2중 기단으로 하층은 화강암으로 꾸몄고 상층은 응회암이다. 목탑에서와 같이 4면의 중앙에는 계단을 두었다. 또 초석은 자연석과 같이 부정형인데 주좌가 있었던 흔적이 있다.

기둥의 상부와 최대부의 배흘림 비율은 약 1.3이었는데, 중문 1.25, 탑에서 1.06인 것에 비하여 제일 현저하게 나타났다. 우리나라의 경우 봉정사 극락전은 약 1.41이고, 부석사 무량수전은 1.446, 수덕사 대응전은 약 1.5로서 더욱 강한 배흘림을 보인다. 이밖에 굽받침이 있는 주두 위에는 내진주 위에 놓인 두공 위로 뻗어 나온 퇴량이 변주 주심 위를 지나서 밖으로 뻗어 하앙 끝을 받쳤다. 지붕 연목의 내단부 위에서는 충도리와 같은 단면이 좀 큰 토대를 돌려 이 위에 2층 기둥을 세워 1층과 비슷한 공포를 꾸몄는데 여기서도 하앙을 쓰고 있어 이 하앙의 내단을 지붕의 하중으로 눌러주게 되었다. 이러한 하앙의 지렛대 기능은 처마의 깊이를 4m 이상 내밀 수 있게 하였다. 연목은 탑에서와 같이 각재를 사용하고 지붕은 팔작지붕을 하였는데, 합각 부분에 현어를 달고 솟을대공과 판대공을 함께 사용하여 도리를 받도록 하였다. 또 2층 외부에는 역시 고식의 난간을 돌리었다. 그 난간의 받침도 포작으로 꾸미었다.(사진 40·그림 35)

금당의 내벽에는 고식의 벽화가 남아 있는데 큰 벽에 4면, 작은 벽에 8면을 합하여 모두 12면이 있어 큰 벽에는 여래를 중심으로 협시보살과 신왕천부 등이 있고 작은 벽에는 보살상이 하나씩 그려져 있다. 이 금당 안에 원래 안치되었던 옥충주자는 아스카 시대에 만들어진 목조 불전형 불감이다. 그 규모는 대좌의 높이가 약 4척이며 감의 높이는 3.2척으로 작은 것이다. 이 유물은 지금의 금당과 비슷한 모습을 하고 있어, 운형의 첨차와 하앙 굽주두 둥근 서까래 용마루 양끝의 치미를 볼 수 있다.

중문의 건립연대는 확실히 알 수 없으나 747년의 『자재장』의 기록으로 보아 그 규모가 지금의 것과 같고, 또 금강력사상에 「화동사년세차 신해사조자(和銅四年歲次辛亥寺造者)」란 기록이 있어 711년 이전에 이미 완성된 것으로 추정된다. 정면 4칸, 측면 3칸의 2층 팔작지붕을 한 특이한 문으로 1층 양협칸에 금강역사상을 각 1구씩 안치하고, 중앙 2

사진 40. 일본 법륭사 금당

칸은 판문을 달았다. 기단은 탱주가 세워진 가구식 돌기단이며, 기단
남면 중앙에는 계단을 놓았는데 그 폭은 중앙 2칸의 폭에 맞추었고 후
면은 이보다 작다. 초석은 주좌를 두지 않은 자연초석을 사용했고, 이
위에 세워진 기둥은 엔타시스가 뚜렷하다. 기둥 상부에 놓인 굽받침을
한 주두와, 그 상부에 짠 두공은 금당에서 볼 수 있는 운형의 첨차와 소
로의 특징을 나타낸다. 지붕틀 가구는 금당에서와 같이 하앙재와 그 상
부에 놓인 서까래가 주요 구조재를 이루었고, 상층기둥 역시 서까래 안

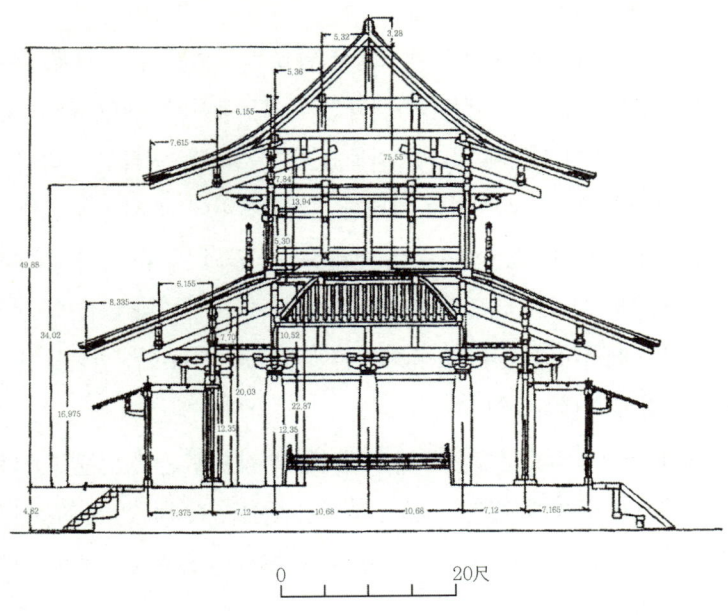

0 $20尺$

그림 35. 일본 법륭사 금당 단면도

쪽 끝에 얹어 돌려놓은 층도리 위에 놓인다.

강당과 회랑은 10세기 말경 종 경루와 같이 재건될 즈음에 현재와 같이 되었다고 한다.[92] 특히 강당은 원래 정면 8칸, 측면 4칸이던 것을 13~14세기에 서쪽으로 한 칸을 더 달아내었다 한다. 또 회랑의 구조는 간결한 주두 하나에 소루 3개가 첨차 위에 놓인 일두삼소루식(一枓三小累式)의 두공을 얹고 'ㅅ'자 대공 등 고식의 가구수법을 보인다.

(4) 백제대사(百濟大寺)

583년에 대화(大和)조정은 백제에서 달솔로 있었던 일라(日羅)를 초청하여 일본에 오도록 했는데, 대화천의 아두상시(大阪府八尾市植松)에 관(館)을 지어 이곳에 일라를 머물게 한다. 일라는 귀국하기 전에 백제인에게 살해되고 그 처자는 하내석천(河內石川)의 백제촌에 살게 했는데, 석천 서안에 있는 백제촌은 백제 도래인들의 기거지였다. 대화의 비조(飛鳥)도 이들 도래인의 주거지였는데, 석천이 소아(蘇我)의 본관이란 것을 생각하면 하내(河內) 백제촌에서 도래계 씨족을 받아들인 것이 시기적으로 대화와 비조보다 앞선다고 생각된다.[93]

기록에 의하면 639년 7월에 조정에서는 서직현을 큰 장인(匠人)으로 하여 백제천 근처에 대관(大館)과 대사(大寺)를 조영하였고 구층탑을 세웠다고 『일본서기』에 기록되어 있다. 이것은 처음으로 국가가 사찰을 조영했다는 기록이 된다.

『대안사가람연기병류기자재장(大安寺伽藍緣起并流記資財帳)』에는 대안사 연기를 기술한 가운데 '백제대사'란 이름이 나오며, 『대안사자재장』에 의하면 이 절은 성덕태자가 건립한 웅응(熊凝)정사로부터 시작되었다고 한다. 그러나 이 정사가 백제대사의 전신이었는지는 확실치 않고 또 백제대사가 실제 어디에 건립되었는지도 확인할 수 없다.

2) 신라 황룡사와의 비교

신라의 불교는 5세기 눌지왕 때 승려 아도가 고구려를 거쳐 신라에

들어와서 포교한 것이 시초였다. 그러나 공식적으로 왕궁으로부터 불교가 인정받게 된 것은 527년 법흥왕 때 이차돈의 순교가 계기가 되었으며, 그에 따라 이후 신라의 불교가 성행하고 사찰 건축이 늘어나기 시작했다.

황룡사는 신라에서 불교가 공인된 지 얼마 되지 않은 진흥왕 14년 (553)에 세워지기 시작한 것을 『삼국사기』의 기록으로 알 수 있다. 즉 '2월에 왕은 소사(所司)에 명하여 월성 동쪽에 새로 궁전을 지으라 했는데 황룡이 그곳에 나타나므로 왕은 이를 의심하여 불사로 고쳐 짓고 황룡사라고 이름을 지었다.'고 했다. 또 『삼국사기』에는 '566년에 지원사(祇園寺)와 실제사(實際寺)가 완성되고 또 황룡사가 필공(畢功)되었다.'고 기록되어 있다(진흥왕 27년). 『삼국유사』에도 비슷한 내용이 기술되었는데 '569년 담을 쌓아 17년만에 마쳤다.'고 되어 있고, 계속하여 기술하기를 '574년에 장육상을 만들었는데 구리가 3만 5천근이고 도금이 1만198 푼(分)의 중량이 들었다.'고 하였고 '584년에 금당을 조성하였다.'는 기록이 있다.

이곳의 9층 목탑은 승려 자장의 청으로 지어진 우리나라의 최대 목조탑파로 백제의 명장인 아비지를 초청하여 645년에 건축하였다 한다. 『삼국유사』 기록에 의하면 탑의 높이가 노반 이하 183척이고 상륜부가 42척으로 총높이가 225 고려척이었다. 이를 환산하면 약 80m의 거대한 탑이었으며 외적의 침입을 막기 위한 의미로 만들었다 한다.

황룡사터의 본격적인 발굴은 1976년부터 1983년까지 문화재연구소

사진 41. 경주 황룡사터
목탑터

에 의하여 진행되어 그 성격과 전모가 밝혀졌다.[94](사진 41)

목탑터는 전부터 기단 상면과 초석이 노출된 상태에서 발굴을 착수하였는데 기단 규모는 동서와 남북이 약 29m이고 기단 총높이는 구 지표에서 약 1.5m로서, 기단석은 모두 결실되어 기단축조법을 확인할 수 없었다. 그러나 면석 일부의 석재 하나를 찾아냈고, 기단 외부로는 2단의 탑구가 장대석으로 돌려져 있으며 그 상면에는 전(塼)을 깔았던 흔적을 찾을 수 있었다. 이 건물터의 주칸은 정면 측면이 다같이 7칸인데 한 변이 29.1m로 대부분 초석은 남아있다. 탑터의 중앙에는 거대한 화강석의 심초석이 놓여있고 그 밑은 넓은 반석이 다시 받치고 있다. 또 계단터는 남쪽 기단에 3개소 동·서·북측에는 각 1개소씩 놓여있어 그 일부 부재만 남아 있다. 또 목탑터의 기단 축성 방법을 구 지표 밑 약 2m부터 냇돌과 점토를 교대로(25층) 쌓아 올렸고, 이 기단토 밑에는 갯벌 흙이 약 50㎝ 이상의 두께로 깔려 있었다. 또 이 토층 조사 중에 심초석 밑 반석 부근에서서 동경·금동태환이식·백자호·수정옥 등 다수의 유물이 나옴에 따라, 이를 본격적으로 발굴할 것을 계획하였다. 약 30톤이나 되는 반석을 들어올려 사리를 봉안하기 전, 심초를 세우기 전에 의식을 행하였다는 것을 확인하였는데 이 때 출토된 유물이 약 200점이나 되었다.

여기서 주목할 만한 사실은 기록에 나타나는 탑의 높이인 225척이 기단의 대각선 길이의 약 2배 정도였고 노반 밑까지의 높이는 총주칸거리의 대각선 길이의 약 2배 정도라는 사실이다. 이와 같은 사실은 백제의 목탑을 복원하는 좋은 근거가 될 것이다.

금당터 역시 탑터와 같이 초석과 장육상의 불대좌가 노출된 상태에서 발굴조사 되었다. 여기서는 특히 상·하층의 기단과 초석이 뚜렷하게 출토되어 우리나라에서는 유일하게 그 초석 배열까지 볼 수 있었으며 차양칸 시설을 고증할 수 있었다. 본체의 초석과 차양칸의 초석 높이 차이는 약 85㎝나 되었다. 상층기단은 동서 49.5m이고 남북이 24.4m 인데 건물터 중앙 뒤편에는 장육의 삼존상을 봉안했던 화강석의 불좌대 및 그 외의 불좌가 놓여있다. 또 이 대좌의 주위에는 동서 10.7m, 남북 4.9m의 장방형으로 불단이 놓였던 유지가 발견되었다. 하층기단은 동서 55.3m, 남북 30.3m로 전체의 주칸으로는 상층기단이 동서 9칸, 남북 4칸이며 하층에서는 11칸과 6칸이 된다. 계단은 남측에 3개소와 북측에 1개소 있는 것이 확인되었고 토층조사 결과 초석 상면에서부터 밑으로 1.5m까지는 점토와 잔자갈로 된 판축이었고 그 밑으로는 냇돌과 점토를 교대로 깔아 2.7m의 두께로 구축하였음을 알게 되었다. 금당의 기단에서 양측으로 약 11m 정도 떨어진 곳에서 횡축을 맞추어 세운 것으로 보이는 건물터가 노출되었는데, 이것은 동·서 금당터로 추정되었고 그 주칸은 정면 7칸과 측면 3칸으로 추정되었다.

강당터는 발굴조사 결과 처음에는 주칸이 정면 10칸, 측면 4칸, 기단면적 374평이었던 것을 후에 한 칸을 줄여 9칸과 4칸 약 338평으로 만든 것을 확인할 수 있었다. 여기서는 강단으로 보이는 시설도 중앙 서편에서 확인되었다.

황룡사에서는 특히 중문터에 인왕상을 안치했던 대좌가 노출되었고 또 남문이 확인되었다. 중문은 여러 번의 개축이 있었는데 정면 3칸에서 4칸·5칸으로, 또다시 4칸으로 개축하거나 장소를 남측으로 옮기면서 개축하였음을 알 수 있었다.

회랑은 당초에는 금당 바로 좌우편과 남측에 단랑을 두고 그 외곽 좌우에 승방을 두었다가 후에 단랑을 없애고 북랑으로 고쳐 사용했던 것을 알 수가 있었다. 『삼국유사』 기록에 의하면 '754년에 1장3촌이나 되는 종을 만들었다.'고 하였는데 그 유지가 회랑 내의 동·서 양 모퉁이에서 확인되었다.(그림 36)

이와 같이 황룡사의 초기가람은 백제의 일탑식 가람의 동·서구에 다시 금당을 각 한기씩 나란히 놓아 삼금당 일탑식을 이루고, 그 양 옆에 남북으로 뻗은 단랑을 두고 다시 외곽 동·서·북에 긴 승방으로 구획

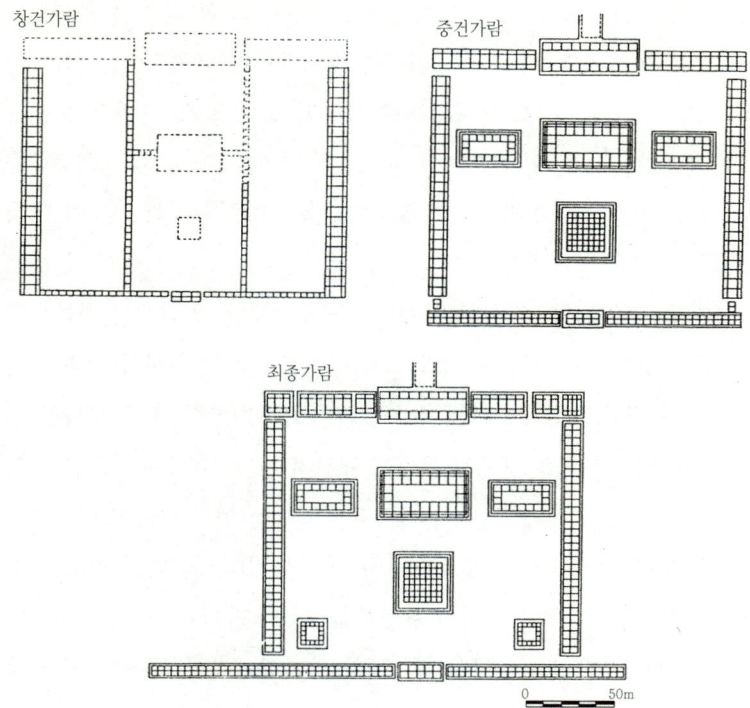

창건가람

중건가람

최종가람

0   50m

그림 36. 경주 황룡사터 배치도

을 두어 중심곽을 이루었다. 다음 제2차 가람은 584년에 금당을 신축
하고 목탑을 계획하였던 시기로, 645년에 목탑을 세움으로써 장대한
사역을 이루었다. 이 때에는 목탑의 높이가 크기로 보아 그 양옆에 단
랑은 있을 수 없게 되어 철거된다. 이 때 중문도 정면 3칸·측면 2칸에
서 정면 4칸 측면 2칸으로 확장되면서 남측으로 이축되었고, 중문 양

옆에 연결되는 남회랑은 복랑으로 개축되었다. 그 후 곧이어 제3차 가람이 이루어지는데, 중문과 남회랑이 다시 한 번 남쪽으로 옮겨지고, 남회랑은 동·서단에서 외곽쪽으로 연장되며 이 회랑 북변과 동·서 승방 사이에는 작은 연결 복도가 놓인다. 이후에도 다시 동·서 승방을 복랑으로 개축하고 중문도 정면 5칸 측면 2칸으로 확장하는데 이 때에 종 경루를 세웠을 것이다.[95]

이와 같이 황룡사는 전술한 미륵사와 비슷한 시기에 완성된 가람으로써 호국사찰이었다. 뿐만 아니라 그 경역이 미륵사의 규모와 거의 비슷하여 당시 백제와 신라가 경쟁을 하였던 것으로 믿어진다. 황룡사는 진흥왕 때부터 선덕여왕 때 9층 목탑이 세워지 시기까지 1세기 동안 조영되었다고 볼 수 있는데, 목탑이 세워질 무렵에는 이미 백제의 미륵사가 완성을 보았고 여기에 있는 목탑이 이미 세워졌다. 즉 다시 말하면 미륵사가 완성된 후 얼마 안되어 황룡사의 9층 목탑이 이루어지는데, 여기에는 백제 목탑의 기술자인 아비지가 파견되어 탑을 세우게 되기 때문에, 아비지는 적어도 미륵사의 목탑 창건을 잘 알고 있는 기술자이거나 미륵사 창건에 일익을 담당한 사람으로 추정이 된다.

3) 중국의 관련된 사찰과의 비교

중국의 불교는 기원 전 후 전한시대에 인도로부터 대월씨에 의하여 전파되었고, 일부는 해로를 통하여 들어왔다고 한다. 그리하여 후한·삼국시대를 거쳐 발전되기 시작하였고, 동진(東晉) 말에는 중국 유교의 예법을 혼합한 교의가 발전하여 이들을 통치의 수단으로 이용하기도 했다.

　남북조시대에는 불교가 크게 융성하여 탑과 묘, 석굴 등이 건설되어 신강(新疆) 천산(天山) 이남·감숙·협서·산서·산동·요녕·강소·절강·운남 등의 지방에 거대한 건축을 조영하면서 중국의 불교건축은 대단한 발전을 이룩한다. 북위 말 낙양(洛陽) 내에만도 1,000여개소의 사찰이 있었다고 하며, 지금도 돈황·운강·용문 등의 석굴은 건축예술과 불교미술로 유명하다. 이 때의 불사(佛寺)는 중국의 전통적 구조와 배치 방법에 의하여 창건되었는데 그 형식은 사역 중앙에 불탑을 세우고, 대불전을 그 뒤에 두며 대불전 뒤에 강당을 세우는 인도의 불사 배치형식과 유사한 배치를 하였다.[96] 또 당대(唐代)의 불사는 탑을 가람의 뒤나 옆의 구역에 두는 형식을 갖는다. 이 때 대가람에는 건물의 수가 1,000여 동이나 되었다. 『낙양가람기(洛陽伽藍記)』에 기술된 영령사는 516년에 창건된 것으로서 사역(寺域)의 중앙에 9층의 방형 대탑을 두었으며 그 정상부에는 30구의 금상을 두어 100리 밖에서도 볼 수가 있었다고 한다. 기록에 의하면 이 탑의 높이는 약 400척이나 되었다고 한다.

　당대에 와서는 불교와 도교가 더욱 성행하여 많은 사찰을 건립하였지만 한 때 불교는 학대를 받기도 하여 9세기 무종 때는 관립의 사찰 4,600개소와 작은 절 40,000여 개소를 철거하고 승려 260,000명을 환속시켰다. 당대의 사찰 중에는 아직도 많은 목조 건물이 남아 있어

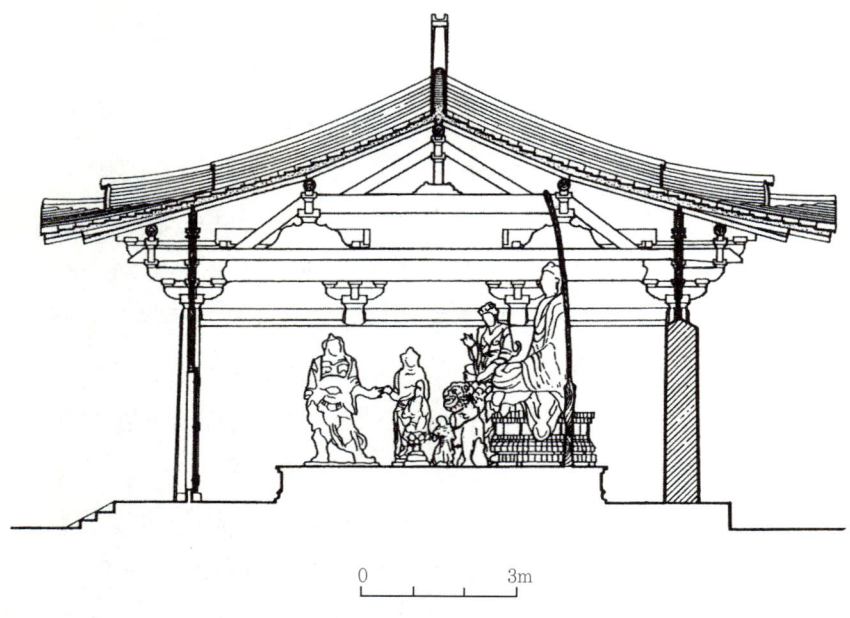

그림 37. 중국 남선사 대전 단면도

우리 나라와 관련된 사찰 건축을 비교할 수 있다. 이 중에서도 오대산의 불광사나 남선사 대전은 우리나라의 신라건축과 일맥상통함을 알수가 있다. 즉 목조 형식으로 보아 불광사 대전은 우리나라 부석사 무량수전에 비유되고, 남선사 대전은 봉정사 극락전에 비유된다고 볼 수있다. 앞의 건물들은 당의 유산이고 우리나라의 두 건물은 고려시대의 것이나 신라계의 형식을 보인다 할 수 있다.(그림 37)

8. 백제사찰의 복원적 고찰

지금까지 백제의 사찰 유적과 백제 건축의 영향을 받은 일본의 건축 자료들을 소개하면서 살펴보았다. 그러나 이러한 고찰로 과연 백제의 건축을 실제적으로 어떻게 재현시킬 것인지는 어려운 문제이다. 지금 남아있는 일본의 고대 사찰건축이나 건물은 그것이 비록 백제의 영향을 받았다고 하더라도 백제건축은 아니고, 세월이 흐르는 동안 일본적인 형식의 요소를 상당히 내포하고 있을 것이다.

한편 우리나라 삼국시대의 문화예술이 각각 독특한 계보를 갖고 발전되었다면 그 뿌리는 후세에까지 쉽게 사라지지 않고 남아 있을 것이다. 예를 들어 고구려의 구들은 그 형식을 계승·발전시켜 오늘날까지 전승되어 내려온 독특한 온돌 구조를 이루었고, 또 고구려 고분벽화에 나타나는 목구조의 공포 구조나 배흘림기둥은 조선시대까지 그 모양을 크게 바꾸지 않고 사용되었다. 그러므로 우리는 고려나 조선시대의 건축에서 백제나 신라의 건축 특징과 양식을 추적할 수 있고, 이에 따라 추정 복원할 수 있다고 믿는다. 이러한 사실은 석탑에서 더욱 잘 알 수 있어 고려시대의 석탑이라도 백제와 신라의 계승형 석탑은 그 형태가 거의 백제나 신라의 석탑과 같음을 알 수 있다. 따라서 백제의 목조건축을 복원하려면 우리나라와 일본 등의 방증자료를 얻어 현존하는 우리의 전통건축을 연구하여 추적해 나가야 할 것이다.

국립부여박물관에 소장되어 있는 백제청동소탑편은 탑의 한층만 남아 있지만 기둥과 교살창 그리고 두공과 처마 등이 잘 나타나 있어 백제건축의 좋은 자료로 활용되고 있다. 서울 전성우씨 소장 금동불감도 기둥과 공포·지붕구조 등 신라의 건축 특징을 세부적으로 잘 표현한 귀중한 자료이다. 이러한 자료들을 바탕으로 현존하는 고려나 조선시대의 목조건축 형식을 살펴보면 백제 계승형과 신라 계승형으로 분류할 수 있다.

백제 사찰건축의 복원적 고찰을 위해 우선 백제사찰의 유구들을 살펴보아야 할 것이다. 그런데 백제의 사찰로 남아있는 지상건축은 석탑을 제외하고는 별로 볼 수 없다. 따라서 그동안 발굴조사된 백제사찰터의 평면적 특징을 연구하고 여기에 지상 복원을 위한 건축 구조적 연구를 하여 복원안을 제시할 수 있을 것이다.

이러한 고찰을 위하여 다음과 같은 안을 제시해 본다.

첫째, 현존하는 백제의 사찰 유적을 조사하여 연구하되 가람배치에 대한 고찰은 물론 유구의 세부적 성격과 복원적 특성의 연구를 한다.

둘째, 백제의 남아있는 석탑이나 기타 구조물의 연구 검토를 통해 그 특성을 추적하며 살핀다.

셋째, 백제의 영향을 받은 일본의 고대 사찰 건축 예를 방증 자료로 연구하여 유도한다.

넷째, 백제 건축의 계승형으로 추정되는 석탑 및 목조건축의 현존 예를 연구하여 그 특성을 추적하여 본다.

다섯째, 백제의 것으로 믿어지는 출토 유물을 참고하여 복원적 요소로서 연구 활용한다.

　위와 같은 연구로 추정되는 백제 건축의 구조적 형식적 안을 간단한
도형으로 표시한다.

탑파 건축

1. 줄거리

백제 탑파 건축에 대하여는 이미 졸고에서 자세히 기술한 바 있다.[97]

탑파란 원래 고대 인도어인 투바(thuba)·투파(thupa)·스투파(stupa)에서 온 말로, 중국에서는 고현·묘·총·방분이란 말로 번역되기도 하며, 음택하여 졸도파(卒都婆)·도파(堵婆)·수두파·수유파 등으로 쓰이기도 한다. 한편 부다(Buddha)의 음택으로 부도·불도로도 불리기도 하지만 그 원의는 같은 것으로 생각된다. 인도의 탑파는 원래 복발형으로 기단과 복발 그리고 상륜으로 구성되어 있고 그 주위에는 난간을 두르고 사방에 출입문을 두었는데, 문미석이나 기둥에는 여러 모양의 부조로 장식하기도 하거나 높은 석주를 세워 기록과 조각을 겸하기도 하였다. 또 상륜부는 평두(平頭)라 하여 노반이 있고 그 위는 산간(傘竿)·산개(傘蓋)로 구성되어 있다. 탑의 평면은 원형이다. 다만 몇 겹으로 칸막이를 했으며, 전체적인 형태는 '돔' 모양이다.(사

사진 42. 인도 산치 대탑

진 42) 그 구조는 벽돌이나 흙과 돌로 된 조적식이며 주발을 엎어놓은 것처럼 되어 있다.

탑파는 인도에서 불교가 발생하기 전부터 유골을 매장하던 종교적인 무덤이다. 이러한 전통은 인도에서 오랫동안 지속된 것으로, 기원전 5세기 초에 석가가 입적하자 그 유해를 모시기 위하여 분묘가 축조되었고 그 형식이 불탑으로 전해졌다. 석가는 80세에 '쿠지나라'에서 입적하였는데 이 때 다비를 통하여 사리를 8개의 나라에 분배하여 탑을 세우고 병탑과 회탄탑 각 한 개소씩을 세워 모두 10개 탑을 세운 것이다. 이러한 불탑이 인도에서 간다라 지방을 거쳐 중국으로 들어와 목조 누각 건물에 응용되면서 목탑의 형식으로 발전하였고, 이것이 우리나라와 일본 등지에 영향을 주어 세워지게 되었다.

인도탑의 실례로는 산치(Sanchi)탑을 들 수 있는데, 그 기본 형식은

밑에서부터 기대·복발·평두·산간·산개 등으로 구성되어 있으며, 탑 주위에는 난간을 돌리고 출입을 위한 탑문을 두었다. 여기서 기대는 탑의 맨 아래 기단부를 뜻하며 귀중한 것을 높이 설치한다는 뜻도 지니고 있다. 복발(覆鉢)은 반구형 주발을 엎어놓은 모양이라 하여 불리게 된 말이며, 봉토분형에서 유래된 것으로 추측된다. 또 평두는 산간을 세워 받치기 위하여 밑에 놓인 상자형 기단이다. 산간은 산개를 지탱하기 위한 간대인데, 우산과 같은 산개를 겹으로 3개를 두어, 불·법·승

사진 44. 중국 응현 불궁사 석가탑

의 의미를 지닌다고 한다.

한편 중국은 대체로 1세기 중엽에 불교를 공인한 것으로 추정하고 있는데, 『삼국사』에 의하면 한(漢) 말(188~193년)에 세운 부도사에는 구리로 사람 모양을 만들어 몸에 황금칠을 한 다음, 비단 의복을 입히고 동반을 9중으로 내려뜨리고 밑에는 중층의 누각을 만들어 3천의 사람을 수용했다고 한다. 이 기록으로 보면 목조 층루를 이용하여 불탑을 조성하고 그 위에 금칠을 한 사람상을 올려놓은 것으로 이해된다. 그러나 실제 조각품으로는 북위시대(4~5세기)에 조성한 운강석굴에 나타나는 목조형 조각을 볼 수 있고, 인도의 복발형탑도 나타나지만 소수에 그친다. 중국의 목탑은 수·당에 이르러서 그 이전에 사용되던 전탑과 함께 많이 조성된다. 그런데 그 층수가 3·5·7·9 등 기수인 것은 우리나라에도 영향을 준 것으로 추정된다. 그러나 지금 남아있는 중국의 오래된 탑으로는 당의 자은사(慈恩寺) 대안탑(大雁塔)(사진 43)과 같은 벽돌로 축조된 탑이 있고, 가장 오래된 목조탑으로는 요대(遼代)의 불궁사(佛宮寺) 석가탑(사진 44)이 있다. 이 탑은 1056년에 세워진 8각 5층탑으로 그 높이가 약 67m나 된다. 탑의 구조는 내 외진기둥을 세워 각층마다 불상을 따로 봉안하는 층탑인데, 이것은 일본이나 우리나라의 현존하는 목탑형식과는 다르다.

2. 우리나라의 탑파

우리나라의 고대 탑파기록은 그리 많지 않다. 그나마 『삼국사기』에는 신라의 황룡사탑 창건연기와 탑의 낙뢰기록, 그리고 망덕사 쌍탑이 서로 기울고 있다는 것과 백제 말의 천왕사와 도양사의 탑에 낙뢰가 있었다는 것으로 백제 말기 조짐을 시사하는 기사가 있을 뿐, 그 외에는 별다른 기록이 없다.[98]

그러나 『삼국유사』에는 삼국시대 여러 탑에 대한 기록이 나타난다. 이 중에서 주요한 것을 발췌해 보면 먼저 황룡사 9층 목탑을 들 수 있는데, 그 건립연기와 건립시기·규모 등이 상세히 기록되어 있다. 다음은 고구려 요동성의 육왕탑(育王塔)에 대한 기록인데 7층 목탑이라는 것과 고구려 성왕대에 세워졌다고 하나 성왕이 누구를 가리키는 것인지 알 수 없고 다만 육왕은 아육왕 즉 인도의 아쇼카왕을 뜻하는 것이라 해설하고 있다. 확실한 시기는 알 수 없지만 고구려가 요동성을 근거지로 삼고 있던 때라고 생각한다면 고구려 전기라고 생각된다. 또 같은 조에서 고구려 영탑사(靈塔寺)에 대한 기록이 있는데, 이 탑은 8면 7급 석탑으로 평양의 대보산을 연고지로 들고 있어 고구려가 왕도를 평양으로 옮긴 5세기 초 이후에 세워진 것으로 추정된다. 한편 같은 책의 탑상조에는 금관성의 파사석탑에 대한 기록이 있는데, 김수로왕의 아내 허황후가 동한 건무 24년(48년)에 서역 아유타국에서부터 풍랑을 막기 위하여 배에 석탑을 싣고 왔다는 설명과 가락국 제8대 질지왕 2년(452년)에 절을 세웠고 이 때 4면을 아름답게 조각한 붉은 색의 5층 석탑이 있었다고 한다. 또한 무왕조에는 미륵사의 창건 설화와 함께 당과 탑을 3곳에 세웠다는 기록이 있다. 6세기 중엽 『주서(周書)』에 의하면 백제에는 승니(僧尼)와 사탑(寺塔)이 매우 많았다고 하고, 『일본서기』에는 서기 639년에 일본 백제천 근처에 9층 목탑을 세웠다는 기록[99]이 있으며 593년에는 일본 법흥사(法興寺) 찰주를 세웠다는 기록이 있어 백제의 기술 도움으로 탑을 세웠던 것으로 추정된다.

사진 45. 경주 황룡사 9층 목탑 복원 모형

　이상의 기록을 살펴보면 구체적인 조탑 기록은 5세기 즈음에 나타나
나 적어도 고구려가 평양에 9사찰을 세웠던 4세기 말에는 탑을 만들었
던 것으로 믿어지며, 특히 삼국 중에서도 백제가 목탑을 세우는 기술이
뛰어났던 것 같다. 그 고증이 되는 실례가 『삼국유사』에 기록된 황룡사
9층 목탑(사진 45)의 창건 기사로, 이는 백제의 기술자인 아비지를 초
빙하여 세운 것이다. 이 탑의 전체 높이는 225자이며, 이 때 사용되던
자는 소위 고구려척으로 1자의 크기가 약 35.5cm이다. 이것으로 목탑
의 높이를 환산해 보면 약 80m로 지금의 아파트 30층에 해당되는 거
대한 규모인 것이다.
　위에서 기술한 문헌상에 나타난 탑파 중 실제로 목탑터가 남아있는

것으로 고증이 가능한 것은 고구려의 금강사지 8각 탑터와 백제의 익산 미륵사지 목탑터가 있고, 이 외에는 대부분 신라의 탑으로 경주 황룡사 9층 목탑터와 망덕사 목탑터를 들 수 있다.

3. 우리나라 탑파의 특성

우리나라 탑파건축의 특성은 다음과 같다.

첫째, 목조 층탑을 들 수 있는데 이것은 고대 중국의 층탑 영향을 받아 조성되기 시작된 것으로 추정된다.

둘째로 목탑의 평면 형식인데 처음에 고구려에서 8각의 평면을 이룬 것은 당시 중국의 다각전탑 영향을 받았거나 또는 구조적으로 안정성을 고려하여 독자적으로 발전시킨 것이라고도 생각된다. 그 이유로는 중국의 8각 목탑이 기록에 별로 알려져 있지 않고 전술한 불궁사 8각 목탑만이 남아있기 때문이다. 그리고 중국의 탑의 평면은 방형을 이룬 시기가 다각형을 이룬 시기보다 빠르므로, 고구려의 8각 탑에서 백제나 신라의 방형목탑으로 발전되는 양상과는 다르다.

셋째로 석탑은 익산 미륵사터 서탑처럼 목탑의 가구형식을 본떠서 고안한 석탑이 이루어지기 시작하면서, 이후로 질이 견고하고 좋은 화강석의 석탑이 성행 발전된다. 그리고 이것은 통일신라와 고려시대 석탑조성에 크게 영향을 준다.

넷째로 분황사탑과 같이 모전석탑이 조성되는데, 이는 전탑과 함께 통일신라의 전형석탑을 이루는 원초형의 한 부분이 된다. 여기서는 화강석 대신에 흑회색의 안산암을 사용했다. 이러한 전탑 형식은 각층마다의 옥개 상면에 기와를 얹어 탑의 훼손을 막아주는 것이 보통인데 현재 남아있는 신라의 유구에서 이러한 유례를 볼 수 있다.

다섯째로 탑의 층수인데 우리나라 목탑의 층수는 고구려의 7층탑을 비롯하여 미륵사와 황룡사의 9층탑, 일본 백제대사의 9층탑 등 초기에는 7층과 9층 목탑을 조성한 것이 그 특징이다. 특히 백제의 호국사찰이거나 국영의 대찰에서는 9층탑이 이루어지고 있음은 주목할 만하다. 또 부여 군수리 절터나 금강사터 등의 탑은 그 터의 규모나 주칸으로 보아 적어도 5층 이상의 목탑터일 것으로 추정한다. 그러나 신라의 쌍탑 제도가 이루어지면서 조성된 경주 사천왕사나 망덕사의 목탑은 3층 내지 5층이었을 것으로 추정된다. 이것은 신라의 초기 석탑인 감은사터 석탑이나 고선사터 석탑이 3층이었음을 감안한 것이다.[100]

여섯째로 목탑 형식의 백제 석탑은 여러 부재의 조립으로 이루어졌고, 이러한 특징은 초기 신라의 석탑에 영향을 주었으며, 이후에는 신라 나름의 전형적인 형식으로 발전시켜 백제 전통형과 신라 전통형으로 계승되어 후대에까지 나타난다.

결론적으로 우리나라 탑파의 형식적인 특성은 고구려의 8각 목탑에서 백제와 신라의 방형 목탑으로 번안하여 석탑으로 발전하는데, 신라의 경우 기존에 흥행한 전탑을 혼용 발전시키는 과정에서 전형탑을 이루었다. 이러한 석탑의 두 가지 종류 계보는 후대에도 계승형으로 맥을 이어가는 것이다.

4. 우리나라 고대 탑파의 종류

우리나라의 고대 탑파는 이미 앞에서 시사한 바와 같이 목탑과 전탑이 람상(濫上)을 이루었다고 추정되며, 여기서 다시 석탑으로 발전되었다고 생각된다. 이들은 다같이 중국에서 전래되어 영향을 받았다고 생각되지만, 목탑과 석탑은 중국보다도 백제와 신라에서 더 발전시켰다고 믿어진다.

1) 목탑

목탑은 삼국시대에 최초로 세웠던 것으로 추정된다. 그 한 예가 4세기 말 고구려의 평양 9사에 세웠다는 목탑이다. 일제강점기 때 조사된 청암리 절터는 기록에 있는 금강사로 추정되고 있는데, 이는 평양에서 동북쪽으로 약 3㎞ 떨어진 대동강 상류 오른쪽 기슭에 위치한다. 『삼국사기』 고구려본기 문자왕 7년(498년) 조에는 '가을 7월 금강사를 창건하다.' 라고 하였고, 『고려사』에도 숙종왕 7년에 금강사에 행차하였음을 기술하고 있다. 또 『동국여지승람』에는 '금강사 유지가 평양 동북쪽 8리에 있다.' 고 하였고 『평양지』에도 같은 내용의 기록이 있다.

이 절터는 중앙부에 8각 목탑터가 있었고, 탑터를 중심으로 동·서·북쪽에 탑을 향한 장방형의 금당터가 있으며, 남쪽에는 중문터가 있다.

목탑터의 폭은 23m나 되고 한 변은 9.5m로, 주위에는 폭 70㎝ 범위에 활석을 깔았는데 이는 낙수받이로 추정되고 있다. 이러한 종류의 8각 목탑을 갖는 실제 유구로는 상오리·원오리 절터와 정릉사터를 들 수 있으며, 기록상 요동성 육왕탑이 있다. 이러한 고구려 8각 목탑은 당대 중국에서는 거의 볼 수 없는 형식이므로 중국보다 시대가 앞서는 독특한 형식이었던 것으로 추정된다. 근래 북한에서는 정릉사터 한편에 팔각 석탑을 복원하였는데 이는 고증에 맞지 않는 복원이다. 발굴조사 과정에서 출토된 막새를 비롯한 많은 기와편을 참작하지 않았던 때문이지만, 이는 목탑터임을 알 수 있다.

백제는 목탑의 나라였다. 기록에 따르면 무왕은 익산 미륵사에 탑을 세 곳에 세웠다고 하는데, 발굴조사 결과 이 중 하나가 목탑이었음이 밝혀졌다. 또 이보다 약간 앞선 시기에 백제는 일본에 탑 쌓는 기술을 가르쳤던 것으로 밝혀졌는데, 이는 『일본서기』의 기록을 통해 알 수 있다. 588년 숭준(崇峻) 천황조에 보면 '백제는 국사를 위시하여 승 혜총(惠總), 영근(令斤), 혜식(惠寔) 등을 파견하여 불사리를 보내왔다. 또 백제는 계속하여 불사리와 승 영조율사(聆照律師)·영위(令威)·혜중(惠衆)·혜숙(惠宿)·도암(道巖)·영개(令開)와 절의 기술공인 태량미태(太良未太)·문가고자(文賈古子)·노반박사 장덕백미순·와박사 마나문노(麻奈文奴)·양귀문(陽貴文)·능귀문(凌貴文)·석마제미·화공백가(白加)를 보내왔다.'는 등의 기록은 백제에서 탑을 조영하는 기술을 전수하였음을 명백하게 보여주는 대목이다. 639년에는 백제천 옆에

9층 목탑을 세웠는데, 이에 대해서는 다른 문헌에서도 '백제대사'란 명칭과 함께 자세히 기술되어 있다.[101] 일본의 『부상약기(扶桑略記)』에 의하면 백제천 옆의 백제대사는 그 후 옮겨져 대관대사라는 이름으로 불리었고 다시 대안사(大安寺)로 고쳐 불리었다고 한다. 근래 일본에서 발견된 중국 육조시대의 육거(陸樏) 등이 찬한 『관세음보살응험기』에는 '백제 무광왕(武廣王)이 지모밀지 즉, 금마에 천도하였는데, 정관 13년(639년)에는 제석정사불당 7층 부도 및 낭방이 모두 소진했다.'고 기록되어 있어 7층 목탑이 있었음을 말해준다. 또 『삼국사기』 의자왕 20년조에 '비바람이 극심하여 천왕사(天王寺)와 도양사(道讓寺)의 두 탑이 흔들렸다.'고 기술하여 이 또한 목탑이었음을 알 수 있다. 이 외에 앞에서 말한 바와 같이 백제기술로 세워진 황룡사 9층 목탑에 대한 기록과 그 유적이 잘 남아 있으며, 또 부여지역의 절터 조사를 통해 여러 목탑터가 확인되었다. 이상으로 보아 백제의 목탑 건립 기술은 매우 뛰어나서 신라와 일본에까지 전수하였음을 알 수 있다.

미륵사터의 중원에 노출된 목탑터는 현재 그 유구가 일부 남아있어 기단 형식과 규모·축기부를 알 수 있다. 우선 기단의 형식은 금당터 및 양탑의 것과 같이 지대석과 면석·갑석을 갖추고 기단 바깥쪽에는 방형의 판석을 맞추어 깐 2중 기단 형식을 취하였다. 이 기단의 규모는 조사결과 한 변이 약 18.5m로 추정되어 석탑의 기단 10.4m에 비하여 큰 차이를 보여준다. 이 비례로 보아 목탑의 높이 또한 석탑의 약 2배에 가까웠을 것으로 추측된다. 또한 기단 밑의 축기는 추정 기단 상면

사진 46. 익산 미륵사터 목탑터 판축

에서 지하 약 4.5m까지 회황색의 사질토와 적황색의 점질토를 3~5㎝
두께로 펴서 한 층씩 다져 쌓은 판축법을 썼으며 그 밑에는 두께
15~20㎝, 크기 20~30㎝ 되는 쇄석을 층을 이루며 깔아 흙과 같이 다
졌는데 그 깊이는 약 2m 이상으로 추정되었다. 이 석재 밑 부분은 지
하수가 흐르던 흔적으로서 산화된 검붉은 색이 묻어 있었다. 이 목탑터
에는 발굴전부터 초석과 함께 화강암이 지면에 노출되어 있어 발굴조
사를 하였는데, 그 결과 축기의 판축을 할 때 어떤 목적을 갖고 함께 시
설되었던 것으로 추정되었다.(사진 46)

　필자는 이 목탑지를 가지고 정면과 측면이 각각 5칸인 9층의 목탑을

그림 38. 부여 능사 5층 목탑 복원도

사진 47. 익산 미륵사터 목탑 복원 모형

복원안으로 제시한 바 있다.[102] 그러나 백제 목탑에 대한 쟁점은 건축 구조적 조립방법에 있는데, 첫째는 현존하는 조선시대 목탑인 법주사 팔상전과 같이 하층의 내진고주를 그 상층까지 끌어 올려서 상층의 평 주가 되도록 하는 방법이 있고, 둘째로는 일본의 고대 목탑과 같이 심 주를 제외하고 하층의 기둥은 당해 층 이상 연결시키지 않고 그 층에서 그치고 기둥 위에 횡가재를 걸치고 지붕틀까지 올리고 이 틀 위에 배게 목을 돌린 후 그 위에 상층 기둥을 세우는 방법이 있다. 그런데 후자의 방법은 일본의 법륭사 5층탑과 같이 대형탑이 아니면서 하앙구조를 이

사진 48. 경주 분황사 모전석탑

룰 때 가능하다고 생각되므로, 미륵사나 황룡사의 9층탑에서는 구조적
으로 무리가 있을 것으로 믿어진다. 근래 부여에 건축되는 백제역사재
현단지의 능사 5층탑은 하앙구조를 이루는 일본 고대식인 전자의 방식
으로 짜도록 하였다. 왜냐하면 하앙구조가 귀기둥에 연결될 경우 기둥
재의 손재가 심하고 연결이 복잡해서 이상적이지 못하다고 보았기 때
문이다. 그러나 이 경우에도 일본의 법륭사 5층탑과는 달리 사천주를
상부까지 올려서 탑을 지탱하도록 하였다.(그림 38) 현재 미륵사지 전
시관에 전시된 미륵사지 9층 목탑의 모형은 전자의 방법인 고주식으로
짜여진 것이고, 국립중앙박물관에 전시된 황룡사 9층 목탑의 모형은
후자의 방법인 단주식으로 짜여진 것이다. 이 두 가지 방법의 구조 특
징은 더 좀 연구되어야 할 것이다.(사진 47)

2) 전탑

우리나라에서 전탑이 언제부터 세워졌는지 자세히 알 수 없다. 아마

사진 49. 안동 동부동 5층 전탑

도 중국으로부터 전래되었을 것으로 추정이 되는데, 중국은 인도에서부터 복발형 탑을 모방하면서 전탑을 세웠을 것으로 믿어진다. 이는 중국의 경우 양질의 황토 즉 점토가 자연적으로 많이 생산되어 이미 한대에 전으로 쌓은 석궐 등이 나타나는 것으로 보더라도 고대로부터 벽돌쌓기가 잘 발달된 나라였기 때문이다. 현재 중국에서 가장 오래된 전탑은 520~524년대에 건립된 하남 등봉현 고악사(高嶽寺) 12각 15층탑이 있으며, 이후 수 당대의 전탑이 많이 남아있다.

중국의 건축술을 받아들인 고구려는 전탑을 건축하였음을 가히 짐작할 수 있는데, 기록에 있는 요동성 육왕탑조에 기술한 3층 토탑이 전탑이었을 것으로 생각된다. 우리나라에 현존하는 전탑은 모두 신라의 탑인데, 그 시원적인 형식은 삼국시대에 세워진 것으로 추정되는 국보 제30호인 분황사 모전석탑이라 할 수 있다.(사진 48) 『동경잡기』에 의하면 이 탑은 원래 9층탑으로 기록되어 있으나 지금은 3층탑으로 남아있다. 현재 남아있는 대표적인 전탑으로는 안동 신세동 7층 전탑·안동 동부동 5층 전탑·안동 조탑동 5층 전탑을 들 수 있고, 모전석탑으로는 경주 분황사 모전석탑과 강진 월남사지 모전석탑·영양 봉감 모전 5층 석탑이 있다. 이 이외에는 고려시대 것으로 추정되는 신륵사 다층 전탑이 있다.(사진 49)

3) 석탑

우리나라에서 석탑이 언제부터 조성되었는지 정확히 알 수는 없지만, 현존하는 가장 오래된 것으로 익산 미륵사지 서탑과 부여 정림사지 5층 석탑을 들 수 있다. 기록에 나타난 것으로는 『삼국유사』에 있는 가야국의 허황후가 배에 싣고 왔다는 금관성의 파사석탑이 가장 오랜 기록이라 할 수 있는데, 이는 동한시대 건무 24년 갑신년이라 하니 적어도 3세기에 해당되는 것으로 추정된다. 이 기술에 의하면 사각의 엷은 붉은 점의 석탑이라 하였으니 대리석재로 만들어진 것이 아닌가 하는 생각이 든다. 또 같은 책의 기록에 의하면 고구려 승 보덕이 세웠다는 영탑사에 8각 7층의 석탑이 있었다고 한다.

현재 남아있는 삼국시대의 석탑으로는 앞서 이야기한 백제의 두 탑과 신라의 분황사 모전석탑을 들 수 있는데, 삼국시대의 석탑은 그리 많지 않았고 오히려 통일신라시대로 들어서면서 헤아릴 수 없이 많이 세웠음을 기록이나 실물을 통해 알 수 있다.

신라는 통일을 기하여 목탑과 전탑에서 석탑으로 발전시킨 전형적인 신라 석탑을 이룩하였는데, 초기의 석탑은 목탑에서 번안한 미륵사지 석탑과 같이 기둥과 탑신석을 별석으로 짜맞추고 옥개석은 4매의 석재로 조립하여 만들어졌는데 대표적인 예로 감은사터 3층 석탑을 들 수 있다.

감은사터 3층 석탑은 2중 기단 각 면에 우주와 탱주를 세운 것, 탑신부에 양쪽 우주를 둔 것, 옥개 낙수면을 둔 것 등이 목조건축을 연상케하고, 옥개석 밑에 받침단 5단을 둔 것과 이들이 옥개 처마선과 같이 수평으로 직선을 이룬 것 등은 전탑 형식을 보이는 것이다. 이와 같은 양식은 이후 신라 석탑의 하나의 전형을 이루었으며, 약간의 변화를 거치면서 오래도록 한국 탑파의 주류를 이루었다.[103](사진 50)

고선사지 3층 석탑은 역시 2중 기단 위에 3층탑을 올린 것으로, 1층 탑신에서 우주와 면석을 별석으로 짜고 면석에 문짝을 표현하여 백제 탑에서 볼 수 있는 목탑의 영향을 보이나, 5단의 옥개 받침석이 별도로 4매, 그리고 옥개 낙수면석이 4매, 총 8매석으로 옥개석이 조립되어 있어 모전탑의 형식을 따른다. 고선사 역시 통일 직후 신문왕대 원효대사가 입적한 686년을 하한연대로 추정하고 있어[104] 신라의 시원적인 양

사진 50. 경주 감은사터 3층 석탑

식의 하나로 말할 수 있다.(사진 51)

또 모전 석탑의 발전형으로 의성 탑리 5층 석탑을 들 수 있는데, 여기
서는 고선사지 3층 석탑과 같이 여러 매로 돌을 조립하고 문짝을 표현
한 것 등은 비슷하나 특히 단이 진 옥개 낙수면을 둔 점은 전탑 형식에
가깝다.

　신라 석탑은 후대로 내려오면서 당초 거대한 규모는 점차 작아지고 고준해지며, 또 여러 부재로 구성된 것이 단일 옥개, 단일 탑신 등으로 변하여 기념물의 상징성을 강조한다. 한편 신라에서는 이형 석탑도 건립되는데 그 대표적인 예가 불국사 다보탑·화엄사 사사자 3층 석탑·실상사 백장암 3층 석탑 그리고 정혜사지 13층 석탑 등이다.

5. 백제 탑파건축

1) 역사적 고찰

백제가 불교를 전수받은 것은 4세기 말이었으나 불교의 포교와 불사의 조영이 성행한 것은 6~7세기였다고 믿어진다. 즉 성왕 때인 527년에 대통사를 창건하고, 538년에는 일본에 태자상과 권불기 등을 보내어 불교를 전하였다.[105] 541년에는 양나라에 사신을 보내어 모시박사(毛詩博士) 및 불화와 공장(工匠)·화사(畵師) 등을 청하여 얻고, 545년에 일본 왕을 위해 장육불을 만들었으며,[106] 552년에 금동불상과 번개·경륜을 일본에 보냈다. 이 무렵 『북사』에는 백제에 대한 기술에서 '승니(僧尼)들이 있으며 많은 절과 탑이 있다.'고 기록되어 있어 백제에 탑이 많이 세워졌음을 알 수 있다. 또한 577년에는 조불공과 조사공·경륜·율사 등이 일본에 파견되었고, 579년과 584년에는 백제에서 일본으로 미륵석상과 불상을 보냈다. 588년에는 불사리를 비롯하여 율사·사공·노반박사·와박사·화공 등이 일본에 가서 법흥사(飛鳥寺, 아스카데라는 본래 법흥사였다) 금당의 본양을 이루었다고 기록하고 있다.[107] 따라서 이 때 백제는 절과 탑을 세우는 기술이 상당한 수준에 있었음을 가히 알 수 있다. 이후에도 백제는 부여와 익산 등지에 많은 불사를 조영하였다. 즉 599년에는 오함사를 창건하고, 600년에는 왕흥사(王興寺)를 짓기 시작하여 634년에 완성하였다. 그리고 640년에는 익산 오금사를 창건하였고, 이전에 익산 미륵사를 창건하였다. 또

645년에는 백제의 아비지는 황룡사의 9층 목탑을 세웠다.

　이상의 기록으로 보아 백제는 성왕대와 위덕왕대 일본에 포교 활동의 전성기를 맞았고, 무왕대에 백제 최대의 호국 사찰인 익산 미륵사를 창건한 것이다. 그리고 의자왕대에는 신라의 호국 거찰인 황룡사를 조성하는데 기술을 지원해 주었다. 실제로 밝혀진 유적을 통해 볼 때 백제는 6세기 초에서 7세기 초까지 불교의 성황을 이루어 탑의 건립이 활발하게 이루어졌음을 알 수 있다. 지금의 일본 고대 사찰은 백제의 영향을 크게 받아 이루어진 것으로 추정되며, 일본의 고대 목탑도 마찬가지일 것이다.

2) 백제 탑파의 실례

　백제 탑의 실례로는 익산 미륵사터의 서석탑과 부여의 정림사터 5층 석탑만이 남아있다. 그런데 그나마도 정림사터의 5층 석탑만이 상륜의 하부까지 온전히 남아있고 미륵사의 서석탑은 당초는 6층 이상이었던 것이 확실하나 얼마 전까지도 6층까지만 반파된 채 남아있던 것을 국립문화재연구소가 해체 보수 중에 있다.(사진 52) 이 탑은 1915년 일본인이 6층까지 보수·복원하는 과정에서 원형에 맞지 않게 원래의 부재가 아닌 돌로 보강하거나 시멘트를 발라서 지탱하게 하였다.[108]

　이밖에 백제 탑파를 연구할 수 있는 실례로는 유적으로 남아있는 탑터의 하부구조와 백제 형식을 계승한 고려시대의 석탑, 백제의 기술을 전수받아 창건하였던 일본의 고대 탑파를 들 수 있다.

사진 52. 익산 미륵사터 해체 작업 사진

(1) 미륵사터 석탑

미륵사터는 동·서·중원에 3탑 3금당이 병렬로 나란히 놓여져 있고, 이 가운데 목탑은 중원에 석탑은 동·서원에 위치했음이 그간의 조사를 통해 밝혀졌다.

석탑은 기단의 짜임이나 초석의 형태·기둥과 탑신의 짜임·옥개석의 처마 앙곡과 추녀부가 날렵하게 처리된 점 등이 목조탑이나 목조건물의 형식을 따르고 있음을 볼 수 있다. 즉 이는 부여 정림사지 5층 석탑의 옥개받침단이나 탑신의 짜임 등이 간소화된 발전형과는 다른 목탑 형식에서 석탑으로 바뀌는 시원적인 것이라 할 수 있다.

사진 53. 익산 미륵사터 서석탑 전경

사진 54. 익산 미륵사터 서석탑 상세

　현재 반파된 채 남아있는 서탑의 상세를 살펴보면 다음과 같다. 석탑
은 2층 기단으로 짠 가구식 기단 위에 정면과 측면이 3칸을 이루도록
네모초석과 네모기둥돌을 세우되 위로 흘림을 두어 상부의 폭을 좁게

가공했다. 그리고 이 돌기둥 사이에는 면석을 세우고 위에는 인방석과 평방석을 걸친 후, 다시 그 위에 포벽석을 세우고 옥개 받침석 3단과 옥개석을 얹었다. 그런데 1층의 중앙칸은 개구부를 만들어 탑 내부로 들어갈 수 있게 하고 탑 안 중심부에는 각형돌로 쌓은 심주를 세워 구조적 힘받이가 되게 하였다.(사진 53·54) 실내의 바닥과 천정은 판석으로 마감하였고, 각 출입구 앞에는 계단이 시설되어 있다. 계단의 짜임은 신라의 형식과는 다르게 밑에 지대석을 놓고 그 위에 제1단 답석을 놓고 이 답석 양끝에 소맷돌의 사갑석을 받치도록 하였다. 기단 역시 신라와는 다르게 탱주 없이 우주만을 두었으며, 지대석 위에는 밖으로 물러나지 않게 턱을 두어 면석을 세우고 그 위에 갑석을 올려놓았다. 석탑 기단 밖의 네 귀에는 석상을 배치하였는데 조사결과 후에 놓은 것일 가능성이 있음을 제기하였지만 확실치 않다. 석탑의 주칸은 1층에서 고려척으로 7척으로 환산되어 한 면이 21척이고, 기단은 한 면이 30척으로 추산된다. 3칸 주칸은 6층까지 이어지고, 동탑의 복원안을 따른다면 7·8층은 2칸으로, 9층은 1칸이었던 것으로 추정된다. 석탑의 높이는 노반까지 고려척으로 55척이 되고 상륜까지는 67척이 된다.

동원의 석탑은 출토된 260여 개의 부재를 10분의 1 축소 모형으로 만들어 축조 복원해 보고, 옥개석의 크기와 노반석의 규격 등을 분석하여 추정 체감율을 밝힘으로써 9층이었음을 입증해 냈다.[109](그림 39·사진 55) 필자가 연구 발표한 탑의 규격과 각층의 체감은 〈표 3〉과 같다.

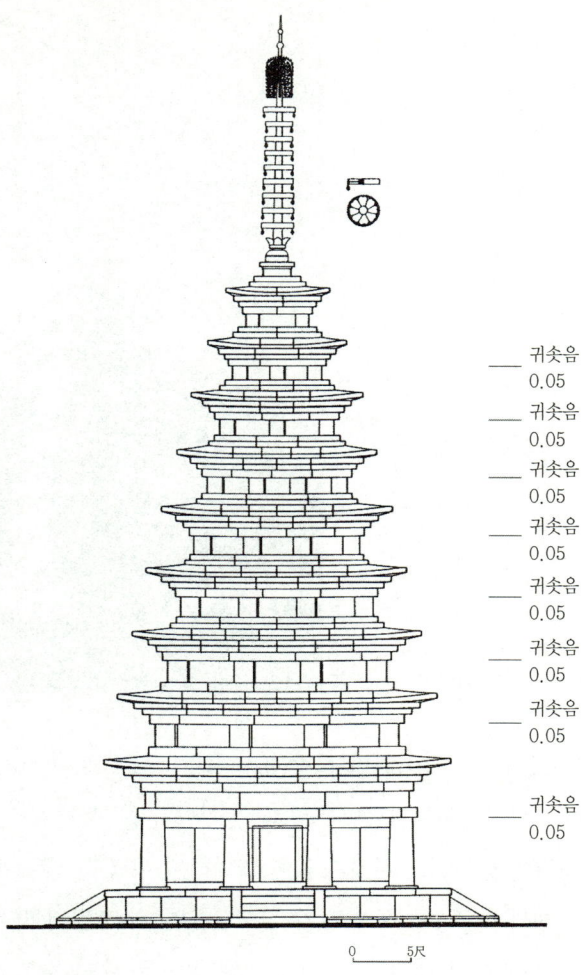

귀솟음
0.05

귀솟음
0.05

귀솟음
0.05

귀솟음
0.05

귀솟음
0.05

귀솟음
0.05

귀솟음
0.05

귀솟음
0.05

0   5尺

그림 39. 익산 미륵사터 동탑 복원도

사진 55. 익산 미륵사터 복원 동탑 전경

　이렇게 동탑이 9층이라면 서탑 또한 9층인 것으로 여겨지나, 서탑은
동탑과는 가공·조립기법면에서 많은 차이를 보이고 있고, 노반과 같
은 결정적인 탑재도 밝혀지지 않아 확인하기 어렵다. 즉 서탑에서는 탑
신의 면석과 탱주·우주가 각기 별도의 부재로 조립되어 기둥이 탑신
면에서 25㎝ 이상 내밀었다. 이에 비해 동탑은 제1층을 제외하고는 기
둥과 면석이 한 부재로 된 탑신석을 가지고 기둥부가 6~7㎝ 돌출되게

표 3. 미륵사터 동탑 층별 규격 및 추정 복원치

분류	층높이	층체감율	탑신폭	탑신폭 체감율	옥개폭	옥개폭 체감율	비고
제1층	11.06		23 (탑신총폭)		30		기단 제외
제2층	5.5		20.9 (21)	2.1	27.5	2.5	
제3층	5.3	0.2	18.8 (19)	2.1	25	2.5	
제4층	5.1	0.2	16.7 (17)	2.1	22.5	2.5	
제5층	4.9	0.2	14.6 (15)	2.1	20	2.5	
제6층	4.7	0.2	12.5 (12.5)	2.1	17.5	2.5	
제7층	4.5	0.2	10.4 (10)	2.1	14.5	3	
제8층	4.3	0.2	7.9 (7.5)	2.5	11.5	3	
제9층	4.1	0.2	5.4 (5)	2.5	8.5	3	

(단위 : 고려척 35.636cm)
ㅁ( ) 안은 복원 설계 수치임.

모각한 것이다. 이러한 기법은 통일신라시대 석탑에서 보인다. 그리고 옥개석의 추녀마루도 다르게 나타나는데, 서탑의 경우 폭을 넓게 표현한데 비하여 동탑에서는 가는 선으로 표현하고 있다. 이런 점에서 동탑과 서탑은 시기를 달리하여 세웠던 것이거나 석공이 다른 기법을 사용한 것으로 추정된다. 따라서 국립문화재연구소에서 해체 복원하는 과정에서 얻은 실측 결과를 바탕으로 고증이 이루어지길 기대한다.

이와 관련하여 몇몇 문헌을 통해 그 모습을 고찰해 보면 다음과 같다.

첫째, 조선 후기 강후진의 『와유록(臥遊錄)』에는 '이 때 7층 석탑이 밭과 들 사이에 있는데 대단히 높고 크며 100년 전에 벼락이 쳐 그 반이 무너졌고 서벽을 따라 탑 위에 올라가 두서너 사람의 농부가 농기구를 끼고 그 위에 누워 있다.'고 기록하고 있어, 당시에 7층 이상이 이미 무너져 있었을 가능성을 보여 준다.

둘째, 『동국여지승람』에서 동양 최대의 석탑이라 기술한 것은 당시 중국에 7층이나 9층의 전석탑이 있었고 우리나라에도 분황사 모전탑이나 전탑 등이 있었던 것을 감안할 때 7층 이상이었음을 짐작할 수 있다.

셋째, 동탑이 서탑보다 나중에 세워졌다고 하더라도 계획 당시 서탑을 모방하여 9층으로 세웠을 가능성도 충분히 있다. 왜냐하면 이들 두 탑의 기단 형식과 규모는 물론 탑재의 모양과 규모가 거의 같기 때문이다. 다만 동탑에서는 간편함을 꾀하여 탑신의 기둥과 면석을 같은 부재로 만드는 등 구법을 간소화시킨 것으로 보인다.

(2) 정림사지 5층 석탑

이 탑은 충청남도 부여읍 동남리에 있다. 이는 대부분의 다른 백제 절터와는 달리 탑터에서 중문터나 금당터의 거리가 1 : 1의 비율을 나타내지 않으며, 탑기단의 축기도 상·중·하 3단[두께 30㎝×80㎝×70㎝로 황갈색·적갈색·흑갈색의 흙]의 판축기법으로 다져져 석탑에는 맞지 않는 기법이다. 판축층의 두께는 일정치는 않지만 매층이 약 2~6㎝였다 하니[110] 왕궁리 석탑의 축기를 연상케 한다. 따라서 이 석탑은 정림사의 당초 창건시의 탑이 아닐 가능성이 있다. 또 탑 지대석 주위에는 탑구석이 있는데, 지대석의 외변에서 10~20㎝ 떨어진 지점에 높이 50㎝ 정도의 장대석을 외부로 면을 맞추어 돌렸다. 이렇게 석탑 기단 주위에 탑구석을 돌리는 예는 감은사터에서도 볼 수 있는데, 여기서는 잘 다듬어진 돌이 탑구석으로 사용되고 지대석과 탑구석 사이에 장대석을 깐 반면, 정림사 석탑에서는 흙으로 메운 것이 다른 점이다.

　석탑의 기단부는 탑신부에 비하여 매우 낮게 꾸몄는데, 이것은 기단을 2층으로 높게 마련한 통일신라 석탑과 대조되는 것이다. 이렇게 낮은 기단은 목조건축의 기단을 번안한 데서 이루어진 것으로 추측된다. 그러나 이는 익산 미륵사터의 석탑이 목조건물 기단을 그대로 모방한 것과는 달리 어느 정도 상징적으로 간소화시킨 모습을 하고 있다. 이러한 경향은 탑신부나 옥개부에서도 같다. 괴석으로 고인 기초석 위에 2단으로 된 지대석과 하대석을 놓고 그 위에 면석과 탱주 및 우주석을 세워 다시 기단갑석을 놓은 것이다. 이 위로 체감폭을 둔 네모기둥과 판석을 세우고 그 상면에 옥개받침 판석을 놓고 다시 외부 모서리가 한 번 사절된 옥개 받침석을 놓았다. 그리고 그 위에 얹은 옥개석은 여러 쪽이 합쳐서 이루어졌는데 처마선이 날렵하고 모서리를 약간 들어올려 추녀앙곡을 이루었다. 탑의 상륜부는 노반석 일부만 남고 유실되었다. 이 탑의 기단 지대석의 한 변은 약 5m이고 남아있는 높이는 약 8.9m 인데 각층의 체감 치수는 〈표 4〉와 같다.(사진 56)

　특히 이 탑은 제1층 탑신에 '대당평백제국비명'이란 제목 하에 비문 이 새겨져 있어 일제강점기 때에는 '당평백제비탑' 또는 '평제탑'이라 고 불렸으며 660년에 당의 장수인 소정방이 건립한 것으로도 해석되었 다. 그러나 이 장문의 내용과 꼭 같은 기록이 부여박물관에 소장된 백 제시대의 석조에도 있어 나당 연합군이 백제를 멸망시킨 후 그 공을 기

표 4. 정림사터 5층 석탑 실측치

부재별　　층별	탑신폭	탑신폭의 체감값	옥개폭	옥개폭의 체감값	옥개낙수면폭 (처마내밈)	층별 높이
제1층	2.318 (7)		3.950 (11)	1.014 (2.85)		
제2층	1.775 (5)	(2.0)	3.430 (9.5)	(1.5)	0.936 (2.60)	1.359 (3.8)
제3층	1.408 (4)	(1.0)	3.000 (3.5)	(1.0)	0.873 (2.45)	1.284 (3.6)
제4층	1.070 (3)	(1.0)	2.597 (7.5)	(1.0)	0.821 (2.30)	1.176 (3.3)
제5층	0.776 (2)	(1.0)	2.182 (6)	(1.5)	0.796 (2.20)	1.054 (3.0)
노 반	0.430 (1.2)					

(단위: m ( )는 고려척 1 : 1.160 곡척)

념하고자 석탑 면에 새긴 것으로 생각되기도 한다. 이후 1942년 발굴 조사 중에 '태평팔년무진정림사대장당초(太平八年戊辰, 定林寺大藏當 草)'라는 명문와가 출토되어 그 이후로 정림사지 5층 석탑으로 부르게 되었다.

주거 및 일반 건축

 백제는 도읍지를 중심으로 여러 곳에 많은 주거건축을 세웠던 것으로 추정되나 그 기록이나 실례가 많지는 않다. 그러나 근래에 와서 발굴조사가 계속됨에 따라 백제의 움집을 비롯하여 지상의 대벽건축 그리고 고상건축 등 각처에서 적지 않게 밝혀지고 있어 고무적이고 연구의 앞날도 밝다 할 것이다.

 백제의 움집 가운데 대표적인 것으로는 풍납토성의 것을 볼 수 있다. 그 다음으로는 몽촌토성의 것도 들 수 있으나 이 유적에는 고구려의 것으로 판단되는 유물이 출토되었다고 하여 고구려적인 유적이라 믿는 이도 있다. 이처럼 고구려와 백제는 유적으로 보아 혼돈을 일으키는 경우가 많은데 이는 삼국시대에 점유했던 지역이 서로 엇갈렸던 곳이거나 그 풍습이나 기술이 비슷한 데서 기인한 것이라 생각된다. 『신당서』 동이전 백제조의 기록에도 '백제의 풍습은 고구려와 같다.'고 한 것을 보아도 건축기술이 크게 다르지 않았을 것이다.

 『후위서』에는 '백제민은 땅 위에 살지만 밑은 습하다.'고 기술하였고,

조선부에는 '기반이 높아 사다리로 오른다.' 하여 고상식 건축을 사용했음을 알려준다. 근래에 밝혀진 백제시대의 고상식 건축으로는 미사리의 백제 움집터와 같이 열(列)을 정연히 이룬 기둥구멍만 남긴 고상식 건축터가 여러 곳에서 다량으로 노출되었다. 이들 주위에는 백제시대 밭고랑으로 밝혀진 유구가 있는 것으로 보아 백제시대의 것이 많았다고 믿어진다.

또 최근에 밝혀진 경기도 화성군 발안에서 백제의 움집터와 고상식 건물터를 여러 군데 발굴 조사하여 기전문화재연구원에서 중간발표회를 갖은 일이 있다. 또 포천의 자작리에서는 대형의 백제 6각평면의 움집터가 경기도박물관에 의하여 조사 발표된 바 있다. 이 외에도 부소산성내의 백제 병영터를 비롯하여 충청도와 경기도의 여러 곳에서 백제의 움집터가 밝혀진 바 있다.

지금까지 공주 정지산의 특수 대벽건물터 외에 백제의 지상가옥터로 밝혀진 유구가 없어 백제시대에는 지상가옥은 없었다고 믿기 쉽지만, 다른 권위건축의 건축기술로 보아 지상가옥이 많이 있었을 것이라는 것은 상식이다. 다만 이러한 유구를 발견하기 어려운 것은 지상의 유구가 훼실되었기 때문일 것이다.

1. 풍납토성 내 움집터

1) 가지구 2호 · 3호 움집터[111]

풍납토성 내의 움집터 존재는 1997년 송파구 풍납동 231-3의 39필지에 대한 재건축 아파트 신축부지에 대한 발굴조사에서 밝혀진 '가' 지역 9개의 움집터로 알려지게 되었다. 이 가운데 2호나 3호 움집터는 지붕 목재가 남아 있고 평면이 잘 보존된 유구들도 있어 백제시대의 일반 움집의 특징을 살피는데 좋은 자료를 제공해 준다.

이곳의 움집터들은 대체로 평면이 6각을 이루고 남쪽 중앙부에 '凸' 자로 튀어나온 출입구를 두고 그 반대 북쪽의 중앙에는 부뚜막 시설을 두었는데, 그 방향이 밖을 향해 일직선을 이루고 있는 것이 특징이다. 이러한 평면형을 두고 발굴 보고자는 '呂' 자형 움집터가 퇴화된 형태라고 설명하고 있으나 오히려 반대로 설명할 수 있고 또 지방에 따라 달라질 수 있는 특화된 형태라고 생각할 수도 있다. 잘 남아있는 예로 제2호와 제3호 움집터를 들 수 있는데, 이들의 규모는 양변이 2m 안팎인 출입구를 포함하여 전체 길이 약 11m, 폭 약 7m 안팎으로 전체면적이 20평이 넘는 대형을 이룬다.

움의 바닥은 단단한 점토로 다져져 있었다. 전체적으로 불에 탄 상태로 벽체 또는 지붕 등의 가구 부재로 추정되는 목재와 판재들이 불규칙하게 흩어져 있었다. 제2호 움집터의 경우 남서벽 모서리 부근에서는 볏짚을 엮어 만든 돗자리(80cm×120cm)가 탄화된 채로 출토되었는데 바닥에 깔아 사용된 것으로 추정된다. 또 동벽쪽에서 출토된 탄화된 판자(60㎝×140㎝)는 바르게 깎은 흔적을 잘 볼 수 있어 당시 목재 가공과 관련된 도구의 발달이 상당한 수준이었음을 짐작케 한다. 또한 제3호 움집터도 일시적인 화재로 인하여 가구 부재들이 고스란히 불에 탄 채 주저앉아 폐기된 것으로 판단되었는데, 제일 위에는 동벽과 서벽에 인접해서 길이 2m 정도의 각진 목재들이 내부를 향하여 나란하게 넘어져 있었다. 이는 각 기둥들을 연결하여 지탱해 주는 가로대가 1.2m~1.4m의 규칙적인 간격으로 대칭되게 5열 정도 바닥과 중간에서 2단으로 확인되었는데, 이것은 벽체에 기둥을 세웠던 방법을 밝힐 수 있는 좋은 자료가 되었다. 이외에 벽체를 이루었던 가세와 귀서까래, 통나무를 반으로 쪼개 기둥에 맞춘 도리부재 등이 노출되었다. 추후 기둥과 벽체가 어떻게 구성되었는지는 좀더 연구되어야 한다.(그림 6 · 사진 7)

이들의 바닥에는 벽체를 따라 다수의 기둥구멍이 확인되었는데, 대체로 동 · 서쪽 긴 벽에 배열된 기둥구멍이 남 · 북쪽 벽에 노출된 기둥구멍보다 더 촘촘하게(약 10~20㎝ 간격) 배열되어 있었으며, 기둥구멍의 형태가 장방형(길이 15~20㎝, 폭 10㎝ 정도)인 것으로 보아 기둥은 가공된 각재를 사용하였던 것으로 보인다.

출입구는 내부와 연결되는 시작부에서 큰 기둥을 양쪽으로 세우고 그 양쪽으로 각기 한 개씩의 기둥을 더 세웠던 것으로 보인다. 이 출입구는 안쪽에서 바깥쪽으로 자연스럽게 경사지며 올라가고 중간쯤 약간

사진 57. 풍납토성 출토 유물

단이 지다가 끝으로 가면서 거의 지상과 같이 된다.(그림 5·사진 6)

　움집의 내부시설로는 후면부인 북단벽 중앙 정점에서 약간 동쪽으로 치우쳐 부뚜막과 굴뚝시설이 나타났으며, 부뚜막 서편에서는 항아리·목 짧은 호(壺)·시루·발·완 등 다양한 토기들이 그대로 출토되었다. 특히 제3호 움집터의 경우 내부시설로 녹로와 회색의 고운 가루 무더기[태토 혼합물로 추정]·저장공 등이 발굴됨에 따라 토기를 제작하던 장인이 거주했던 곳으로 추정된다.(사진 57)

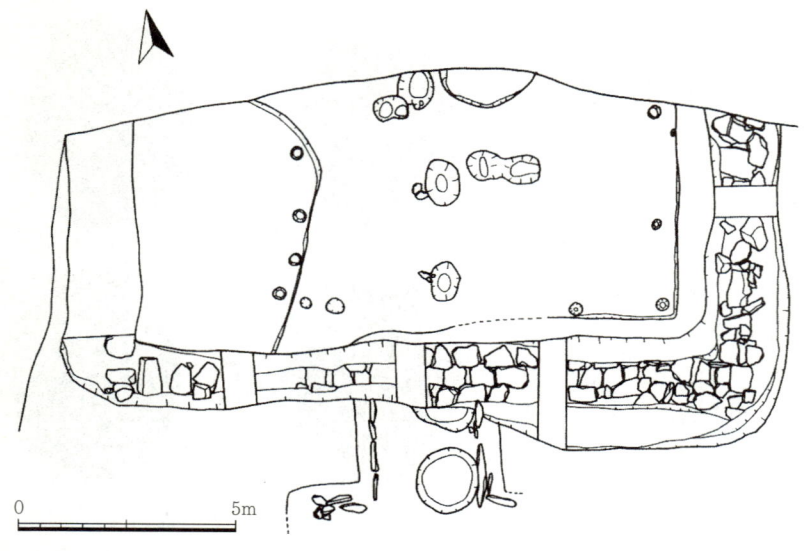

그림 40. 풍납토성 특수건물터 평면도

2) 한신대학교 조사구역 내 특수건물터

이는 전술한 국립문화재연구소 조사구역에서 북쪽으로 350m 떨어진 지점에 위치한 조사구역 중 하나이다. 이 특수건물터는 특이하게 주위에는 배수골을 따라 돌아가며 판석으로 깔고 그 내부에 거대한 지상건물을 세웠던 터이다.

조사보고[112)에 의하면 이 건물터는 조사구역의 북측 경계에 걸쳐 있어 그 전모를 확인할 수 없으나 현재까지의 조사결과 동서축 16m, 남북축 14m 이상의 평면에 남측으로 다시 한 변 3m 정도의 방형평면이 연결

사진 58. 풍납토성 특수건물터

된 '呂'자형 대형구조물이다. 이 건물터는 주위에 상자형의 도랑이 돌려져 있는데, 그 폭은 대략 1.5~1.8m, 깊이는 1.2m 정도로 일정하며 바닥에는 2열 또는 3열의 대형판석이 깔려있고, 남쪽의 작은 방형의 평면은 출입시설로서 외곽에 판석을 세워서 구획하고 있다.(그림 40 · 사진 58)

그 시설의 축조방법은 첫째, 건축부지에 대한 전면 굴토 둘째, 정지작업 및 도랑 설치 셋째, 건물 내부시설 축조 넷째, 출입시설의 설치 등의 순서로 진행되었다고 한다. 우선 건축부지가 점성이 거의 없는 사질토임을 고려하여 도랑·건물 터 내부·출입시설에 대한 전면적인 굴토를 하였다. 이후 건물터 내부에 약 1m 내외의 두께로 사질점토를 깔아 정지작업을 한 후, 점성이 매우 강한 점토를 건물터 바닥과 출입시설에 깔아 바닥을 완성하였다. 또한 도랑은 벽의 함몰을 방지하기 위하여 먼저 벽면을 두어 외곽을 판 후, 벽측에 판재를 수직으로 세우고 사질점토나 점토를 다져 넣은 후에 바닥에 판석을 깔았다.

한편 대형 평면의 내부에는 벽 안쪽을 따라 기둥구멍과 판재를 세워 놓았던 흔적이 확인되었고, 출입시설에도 양측면에 대칭된 형태로 석재와 나무기둥 배치 흔적이 노출되어 관심을 끌었다. 여기서 출토된 유물로는 도랑 내부에서 발견된 철검 1점·용도 미상의 철편·구슬·타날문 토기편이 있다.

이 건물터는 치밀한 설계와 많은 공력을 들여 만든 대형구조물이란 점에서 특수한 공공시설로 추정이 되었는데, 그 주위에 있는 넓고 깊은 해자는 방어를 겸한 시설로 출입을 극도로 제한한 시설이고 심한 화재로 인해 폐기된 점으로 볼 때, 보고자는 제의시설로 추정하고 있다. 그렇지만 시설의 성격으로 보아 대형의 공공시설이거나 방어시설 또는 권위건축일 가능성도 충분히 있다.

2. 몽촌토성 내의 건물터(사진 8)

몽촌토성은 한성 백제의 주요 거성의 하나로 군사적·문화적으로 매우 중요한 유적이다. 1916년 일제시대부터 관심을 갖고 실시한 고적조사에서 위치와 규모가 소개되었고, 그 후 계속하여 학계에 관심을 불어넣었던 곳이다. 이 유적의 발굴조사는 지난 1988년에 올림픽 경기장의 시설과 연관하여 개발될 운명에 처하자, 당국의 요청으로 서울대학교를 비롯하여 한양대학교·숭실대학교·단국대학교 등이 합동으로 발굴 조사한 것이다.

즉 1983년부터 1985년까지 3차례의 기초조사가 이루어졌고, 1987년부터 1989년까지 3개년은 몽촌토성이 지니는 더욱 확실한 역사적 성격을 규명하기 위한 성내의 전면 조사가 실시되었다. 특히 1988년도의 발굴조사를 통해서 처음으로 확인된 고구려 토기의 존재는 몽촌토성이 475년에 공주로 천도하기 이전까지 줄곧 백제의 거성으로서 역할을 하고 있었음을 시사해 주었고, 폐성의 계기가 고구려의 한강 유역으로의 진출이었음을 말해주었다. 그러나 이러한 정황에도 불구하고 몽촌토성에는 도성으로서의 면모를 보여주는 궁궐터나 관청터 등의 내부 시설이 드러나지 않아서 그 성격 규명에 어려움을 겪고 있다. 이처럼 그간의 조사에서 지상건물터를 쉽게 확인할 수 없었던 이유로 발굴보고자는 이미 조사된 동북지구와 동남지구가 대부분 성벽을 포함하고 있는 고지대로 당시 일상의 살림집이나 궁궐터 등의 격식을 갖춘 지상건물보다는 주로 성의 수비와 관련된 군사적 성격의 건물터들이 많이 드러나게 된 것으로 이해하여야 할 것이라고 기술하고 있다.[113] 이상의 발굴조사 내용 가운데 건물터와 관련된 것들을 간략히 살펴보면 다음과 같다.

우선 1985년에 조사된 3개의 움집터는 정방형 소형 움을 비롯하여 타원형·장방형 등의 평면을 하고 있고, 화덕도 1호 움의 불탄 흔적 이외에는 뚜렷하지 않다. 또 기둥구멍도 1호에서는 4주형으로 내부에 4개와 외부에 6개의 기둥구멍이 있었고, 3호 움에서는 벽선을 따라 21개의 기둥구멍이 배열되어 있었다. 이어 1987년에는 조사된 5기의 움집터에서는 회백색 연질 삼족토기를 비롯하여 고식의 와당·별도끼형 석기·암적색 경질토기호·고배·소뿔형 파수부·시루 등이 출토됨에 따라 그 시기를 4~5세기로 추정할 수 있었다.

1988년도의 조사에서는 4기의 움집터와 7기의 저장구덩이, 그리고 기타 조선시대 움집유구들과 적석유구들이 노출되었다. 이 중에서 2호 움집터는 6각의 평면 형식에다 돌출된 출입부를 두어 소위 '呂'자형 움집터를 완연히 나타냈다. 규모는 긴 옆벽의 길이가 약 6m이고 짧은 벽은 약 4m 가량이며, 남북 총길이는 출입구를 포함하여 약 10m, 단축의 동서 폭은 약 7m나 되는 대형 움집터로 보였다. 또 긴 벽에는 벽선을 따라 50㎝ 간격으로 기둥구멍이 10개씩 배열되어 있고 짧은 앞뒤 벽에는 4~5개의 기둥구멍이 있을 뿐, 내부에서는 확인되지 않았다. 기둥구멍의 깊이는 대체로 20~30㎝ 곧게 각이 져서 파여 있었다. 그 구멍의 한 변의 크기는 20~30㎝이고 모서리는 40~50㎝ 정도로 커져 하중에 대한 고려가 있었던 것으로 추정되었다. 여기서 주목되는 것은 풍납토성 내의 6각 평면 움집과 같이 기둥구멍이 각을 이루고 있다는 것이다. 풍납토성의 경우 기둥구멍 간격이 좀더 촘촘했고 작은 것이 특징인데 당시 보고자는 각기둥을 사용한 것이라고 설명하고 있지만 이에 대하여는 좀더 건축 구조학적인 검토가 필요하다. 이 2호 움집은 위치로 보아 동문터를 내려다 볼 수 있는 정상 부분이란 점과, 긴 칼·철봉 등의 무기류가 출토된 점으로 미루어 보아 군사적인 용도로 사용되었을 것으로 추정하고 있다. 2호 움집터의 동측에서 노출된 3호·4호 움집터는 평면이나 규모상 2호 움집터와 비슷하며, 여기서 출토된 삼족기·고배·호 등은 완형의 백제 토기로 몽촌토성과 관련하여 초기 백제의 토기 편년에 중요한 자료로 활용된다.

끝으로 적심이 노출된 지상건물터와 구들를 살펴보자. 이 건물터는 벽체의 윤곽을 따라 폭 30㎝, 깊이 40㎝ 가량을 파내고 그 속에 주먹만한 크기의 자갈을 채워 벽기초를 하였고, 벽기초들 사이에는 기둥이 들어설 부분에 직경 70~80㎝ 가량 되는 적심을 넣어 주어 줄기초[고맥이로 보임]와 독립기초를 혼합한 모습이다. 주칸은 정면 4칸 이상 측면 2칸으로 추정되는데, 정면 주칸거리는 5.5m, 측면 주칸거리는 3m이다. 보고[114]에 따르면 이 건물터는 지상건물터이면서 규모가 크다는 점에서 몽촌토성 내의 중요한 건물터로 보고 있으며, 이는 시기상 구들과 함께 백제가 공주로 천도한 후인 6세기 중엽까지로 추정하고 있다. 이에 대해 필자가 실제 접해 보고 판단하기로는 강돌을 사용하여 적심을 하고 고맥이 기초도 자갈돌을 사용한 점으로 보아 백제의 유구로 확신하기 어렵다. 구들은 지상건물터 바로 곁에 놓이는데 보고서 대로 이

두 유구가 같은 시기라면 한 건물 내에 있던 시설로도 생각할 수도 있다. 보고에는 구들이 'ㄱ'자 평면이라 하여 동대자 유구와 비교하지만, 실제로 이 구들은 연돌로 나가는 부분이 더 길게 뻗어 있고 주칸 배열 및 규모상 차이가 많이 나므로 이와는 다른 성격의 건물터로 생각된다.

3. 포천 자작리 움집터

이 유적은 2000년도에 경기도박물관에서 발굴조사한 것으로, 보존상 태가 좋고 중요한 한성백제시대 움집터 2기와 굴립주 건물터 1기가 확인되었다.[115]

이 가운데 2호 움집터는 대형의 '呂'자형 집터로 평면은 6각형이며 남북방향으로 약간 길다. 규모는 출입부를 포함하여 전체 길이 23.6m, 동서 폭은 12~13.2m 가량으로 국내에서 조사된 삼국시대 움집터 가운데 가장 크다. 움의 내부로 경사져 있는 출입부의 평면형태는 사다리꼴로 전면 폭 7.1m, 후면 폭 5.4m이며 길이는 5m 가량이다. 출입부와 주거 공간 사이의 통로는 이보다 좁게 만들어 1.6m 내외이다.

움 안에는 화재로 인하여 폐기되면서 불탄 목탄편들이 전면에 노출되었는데, 이 가운데에는 벽체로 사용되었던 판재들이 잘 남아있었다. 이들 판재들은 두께 1~2cm, 폭 15~20cm 정도로 판재의 노출상태로 보아 움집터 북벽은 종으로, 동·서벽은 횡으로 설치되었던 것으로 판단된다. 이들 판벽은 벽선을 따라 설치된 벽고랑에 마련되어 있는데, 굴토

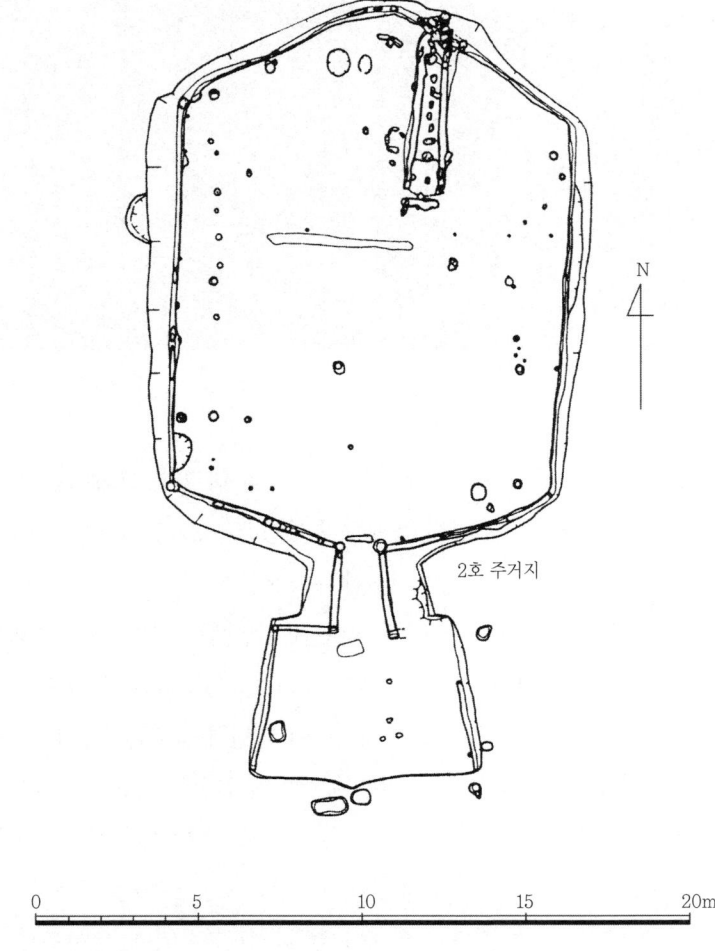

2호 주거지

그림 41. 포천 자작리 2호 움집터 평면도

사진 59. 포천 자작리 2호 움집터

된 벽선과 판벽 사이는 인위적으로 뒤채움을 하였다.(그림 41·사진 59) 또한 통로 내부에도 탄화 목재들이 두껍게 노출되었으며, 그 상면에 벽체편들이 퇴적되어 있어 이러한 구조물들이 벽체 구조 내지 천정 구조와 관련된 것이 아닌가 한다. 벽체편 주변에서 길이 15㎝ 내외의 철정이 출토되었는데 목재의 결구에 사용되었던 것으로 추정된다.

바닥은 황색 점토를 깔고 불로 처리하여 단단하게 다졌다. 기둥구멍은 20여 개소 확인되었으나 이 가운데 서벽에 인접하여 남북 방향으로 배치된 기둥구멍만이 정형성을 갖고 있다. 출입구 반대쪽에는 약간 동쪽으로 치우쳐 부뚜막이 노출되었다. 부뚜막은 전체적으로 점토를 쌓아 만들었지만 아궁이 부분은 할석과 점토를 혼용하였다. 연도부의 평면은 북쪽이 약간 좁은 사다리꼴이며, 북쪽으로 갈수록 전체적으로 연

사진 60. 파주 주월리 움집터 부뚜막

도부가 올라가고 있다. 그리고 파주 주월리 97-6호 움집터에서 발견된 부뚜막(사진 60)과 같이 연도의 중앙부를 따라 긴 할석을 일정한 간격으로 세워놓았는데 이는 연도 덮개돌을 지지하기 위한 것으로 판단된다. 그러나 아궁이 부근의 긴 할석은 주변에 토기편들이 집중적으로 출토되는 점으로 미루어 솥을 걸었던 지각의 역할을 하였던 것으로 추정된다.

한편 움집터 벽 바깥쪽에는 냇돌을 쌓고 그 외부로 황색점토를 발라 굴뚝 기부를 마련하였다. 기타 부뚜막 서편에 잇대어 돌을 원형으로 돌린 얕은 구덩이가 확인되었는데 내부에 목탄이 퇴적되어 있는 것으로 보아 잿간으로 판단된다고 보고자는 기술하고 있다.

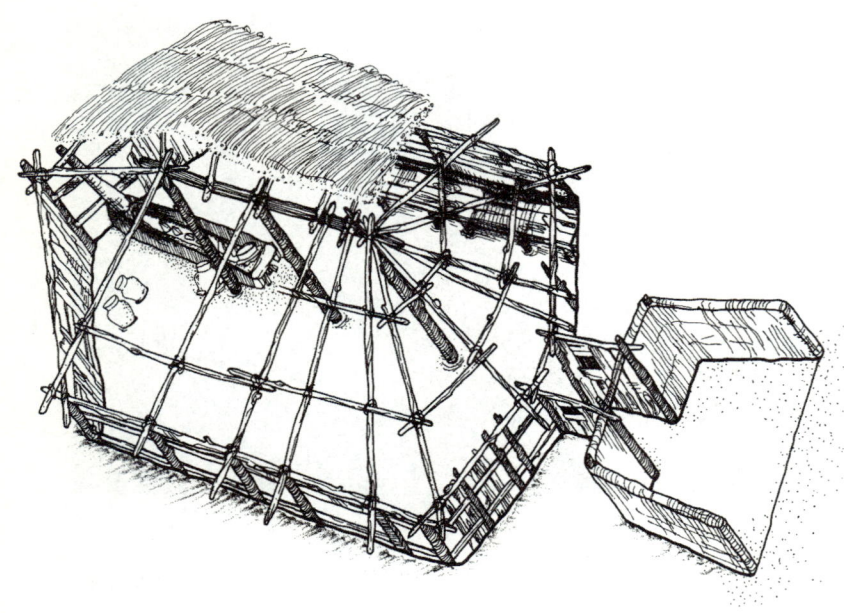

그림 42. 포천 자작리 유적 2호 움집터 복원도(이승연 작도)

 출토유물은 부뚜막을 중심으로 좌우에는 대옹 5개분과 함께 시루·파
수부·동이·심발형토기·편저단경호가 출토되었고, 부뚜막 내부에서
는 원저단경호가 출토되었다. 또한 출입부에서는 완형으로 복원되는
통형기대가 출토되었고 기타 철정·꺾쇠 등 소량의 철기류와 기와편도
출토되었다.

 위 발표자는 유적의 시기를 탄소측정연대와 유물 등을 고려하여 4~5
세기에 속하는 것으로 추정하였다. 또 여기서 6각 평면을 갖는 움집에

대하여 위계의 질서를 분류하는 형식으로 1·2·3등급으로 나누어 설명하였는데, 등급을 나누는 구체적인 데이터가 없어 논하기 어렵지만 흥미로운 시도라 할 것이다. 그러나 평면이 크고 특히 집의 폭이 큰 경우 지붕틀을 안전하게 꾸밀 수 있는 평면은 6각형이 이상적이라는 것은 기하학적으로 이해가 된다.

이러한 6각 평면의 움집터는 앞에서 기술한 풍납토성 내와 몽촌토성 내·하남 미사리·파주 주월리 등지에서 밝혀진 바 있고 이들은 대체로 초기 백제의 움집 특징을 나타낸다고 생각된다.(그림 42)

4. 경기도 화성 발안지구 내의 유적

이 유적은 화성시 향남면 발안리 일대에 대한주택공사의 택지개발사업을 추진하는 과정에서 사전에 이루어진 매장문화재 조사로 기전문화재연구소에서 2001년부터 2003년 현재까지 발굴조사했다. 발굴조사결과 원삼국시대로부터 조선시대까지의 유구들이 약 260기 정도가 노출되어, 원삼국 내지 백제시대의 움집터 55기와 도랑 44기·굴립주 건물터 23기·소형 구덩이 110여 기 등, 수많은 유구들이 확인되었다. 이 중에서 20기 정도의 타날문토기와 장란형토기·시루 등의 백제 토기가 출토되는 움집터가 있는데, 그 평면형태는 장방형·'凸'자형·6각형·5각형 등 여러 가지이다. 이 중 중요한 움집터인 1호와 21호·28호 움집터와 굴립주 건물터 등을 이야기하려 한다.

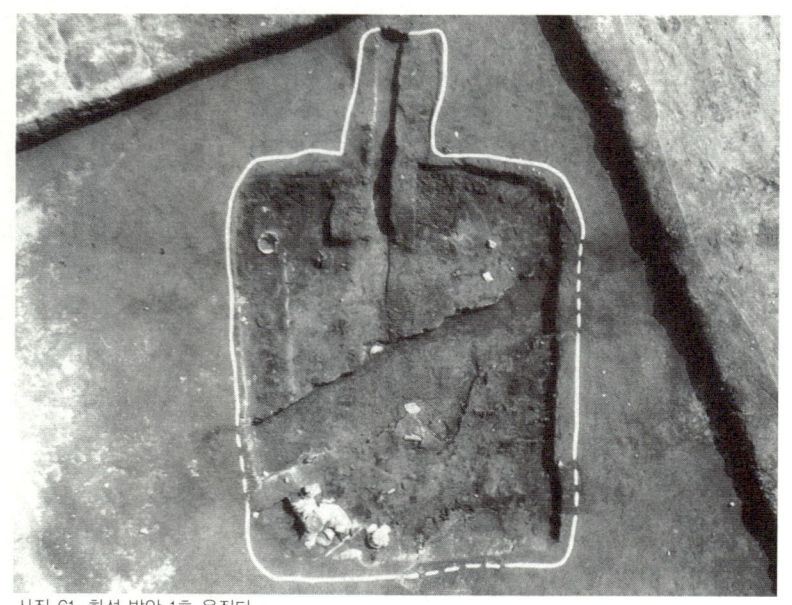

사진 61. 화성 발안 1호 움집터

    1호 움집터는 '凸' 자형의 장방형으로 남북의 장축과 남쪽의 출입구를
둔 평면으로 그 규모는 장축 7m, 단축 4.45m의 소형 집터였다. 입구
의 내부에는 불맞은 소토부와 암갈색의 목탄 소토부가 두 겹을 형성한
채 확인되고 있으며 이들 사이에는 갈대 흔적으로 추정되는 눌려진 자
국들이 다수 확인되고 있어 벽체편이거나 천정구조의 함몰부일 가능성
이 있으며, 이는 강원도 가평리의 움집터나 충북 단양 수양개의 움집터
에서 볼 수 있었던 불맞은 점토무지가 입구 내측에 있었던 것과 연관되
는 것으로 추정된다.(사진 61) 이 시설은 아직도 건축사적으로 해결하

사진 62. 가평리 움집터

지 못한 과제이다.(사진 62) 중앙부에서 북쪽으로 조금 치우친 곳에는 일부 파괴된 노지가 확인되었고, 이 노지와 연접하여 움의 동북 모서리에 부뚜막과 구들골이 확인되었다. 부뚜막은 장방형의 석재 2매로 골을 형성하고 그 윗부분에 장방형 석재를 걸쳐놓았고, 아궁이와 솥걸이 부분이 확인되었다. 이 부뚜막 아궁이는 벽을 향해 설치되어 있고 'ㄱ'자형 구들은 동북쪽에서 동벽을 따라 남쪽으로 연결되어 출입구 옆 움의 남동 귀퉁이에 굴뚝이 시설되었는데, 이는 한양대학교 박물관에서 발굴조사한 미사리 1호 움집터[116]와 같은 형식을 한 것으로, 다음에 기술할 21호 움집터와 함께 원삼국에서 초기 백제 움집으로 가는 특징으로 추정된다. 이 움집터에서는 중도식무문토기와 적갈색의 타날문토기

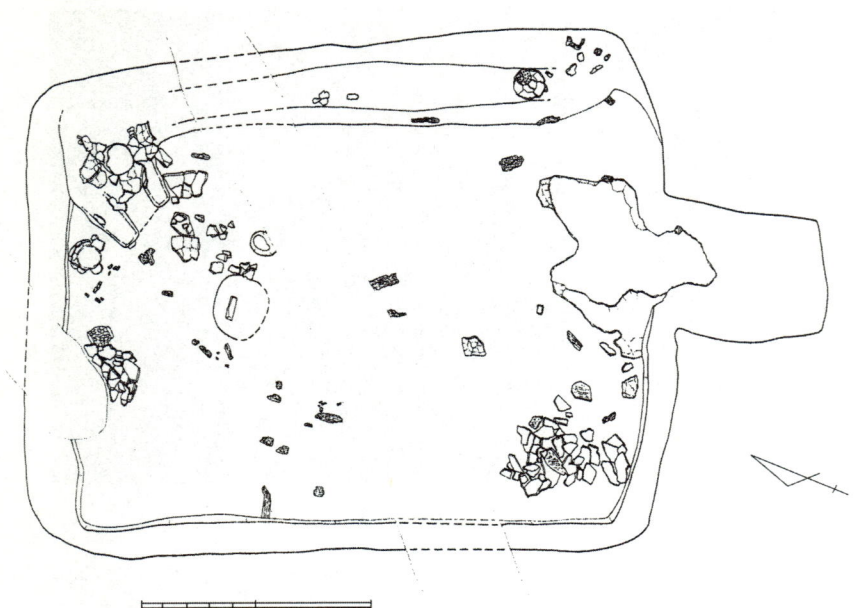

그림 43. 화성 발안 1호 움집터 평면도

· 원저단경호와 단경호와 포개진 손잡이 있는 시루 등이 출토되어 원삼국에서 백제로 이행되는 시기일 것이라고 조사자는 추정하고 있다.[117](그림 43)

21호 움집터는 1호 움집터나 미사리 한양대 1호 움집터와 같은 양상으로 확인된 동남향한 凸자형 움집터이다. 이 평면형은 6각형을 이루며, 바닥에는 벽과 가구재가 불에 타서 도괴된 잔재가 흩어져 있었는데 이중에는 판재로 보이는 것도 있고 기둥과 구조재로 보이는 것도 있다.

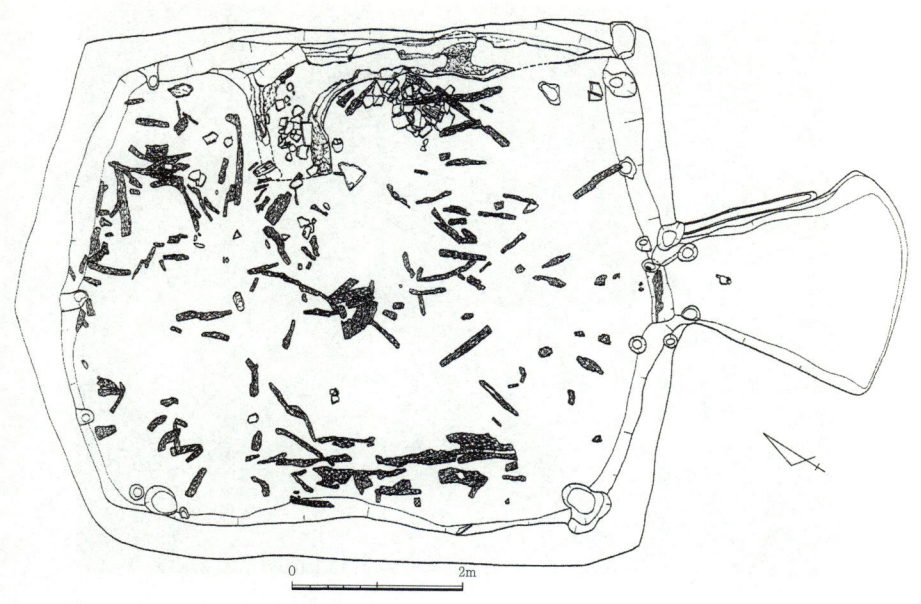

그림 44. 화성 발안 21호 움집터 평면도

여기서 특이하게도 움의 어깨선에 벽체의 잔재가 노출되었는데, 지반
을 'U' 자로 파내어 기둥과 흙을 다져넣으면서 벽체를 이룬 것으로 추
정된다. 그 단면에 붉은 점토질과 목탄이 같이 섞여 나오고 있어 기둥
이나 판재를 세워 점토와 함께 다진 것으로 보인다. 또 벽체의 밖에는
흙으로 단단히 다져 뒤채움하였다. 앞으로 목재의 수거가 되고 나서 밝
혀지겠지만 여기에도 앞에서 기술한 초기 백제의 두 움집터와 같이 움
내부 중앙에 노지가 있을 것인지 관심거리이다.(그림 44 · 사진 63) 출

사진 63. 화성 발안 21호 움집터

토유물로는 중도식 무문토기편과 타날문토기·대옹 등이 있다. 이 움집터도 앞의 두 움집터와 같이 원삼국에서 초기 백제시대의 것으로 비정된다.

28호 움집터는 남북 장축이 서남향으로 치우쳐 남쪽 출입구를 포함한 길이가 6.2m이고 동서 폭은 약 5.3m이며 움의 깊이는 약 30㎝인 '凸'자형 움집터이다. 여기서 특이한 점은 부뚜막과 구들로 동벽쪽을 향해 일직선으로 외부에 걸쳐져 있어 앞서 기술한 풍납토성이나 파주 주월리의 것을 떠오르게 한다. 움의 북벽과 서벽의 안쪽에는 벽고랑이 안쪽

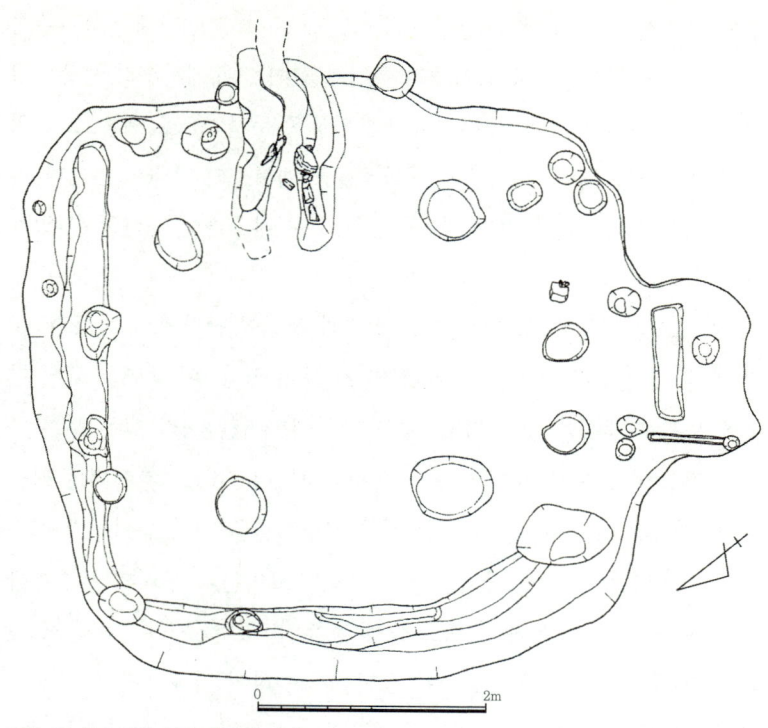

그림 45. 화성 발안 28호 움집터 평면도

으로 좀 떨어져 시설되었는데, 폭이 약 35cm, 깊이 약 20cm로 내부에는
작은 셋기둥이 배열되어 있다. 이러한 벽고랑은 뒤에 설명할 대벽 지상
건물의 벽체 쌓기 기법과 통하는 것으로 건축 시공상 중요한 연구 자료
이다. 또 움의 내부에는 4개의 큰 기둥구멍이 있어 소위 4주식 구조를
이루었던 것으로 보인다. 이 기둥의 간격은 일정치 않지만 약 2.2m로

부여 부소산성 내의 백제 병영 움집터[118]와 유사하다.(그림 45) 4주식 구조는 이미 암사동 신석기시대의 움집과 같이 고대에서부터 사용되었던 기본 구조이다. 건물 내부에 4개의 기둥을 등간격으로 세우고 그 위에서 중도리를 돌린 후 여기에 서까래를 땅에서부터 기대어 얹거나 아니면 대공과 마루대를 걸쳐 까치구멍을 두는 지붕틀로 발전할 수 있는 구조이다.

마지막으로 굴립주 고상건물터는 정면과 측면이 단칸인 것과, 2칸×2칸, 2칸×1칸, 3칸×3칸, 5칸×4칸인 것 등이 있다. 이 중에는 주위 한쪽에 도랑을 시설한 것도 있고, 구조가 정연한 5칸×4칸 되는 것은 구조상 정연하고 그 내부 양변에는 별도의 사다리 시설로 추정되는 기둥구멍이 노출되어 흥미를 끌었다. 이들 고상건물은 이미 초기철기 이전부터 사용되었던 것으로 판단되며, 기록상 보이는 고구려의 부경이나 가야의 가형토기를 통해 그 모습을 유추할 수 있다. 또한 이와 비교해 볼 만한 유구로는 창원 가음정동 유적을 비롯하여 김해 부원동 유적·진해 용원동 유적·대구 시지동 유적·하남 미사리 유적 등이 있다.[119]

5. 공주 정지산 와건물터 및 대벽건물터

공주시 금성동 산2-1에 위치하는 정지산 유적은 국립공주박물관에서 실시한 발굴조사 후 충청남도 기념물 제147호로 지정(1998년)되어 보존되고 있다. 여기에는 중층이었던 것으로 추정되는 와건물터[추정 빈소] 1기와 대벽건물터 7기가 노출되었고, 그 주위에 주호와 목책구멍이 발견되었고, 또 선행되는 움집터도 조사되었다.

'와건물터'는 보고서에서[120] 중앙에 기와가 많이 노출된 건물지를 명명한 것으로 능선 정상부 중앙에 위치하고 있다. 이는 원토의 사방을 깎아내어 기단을 이룬 대지상에 긴 변 8m, 짧은 변 6.4m[121]의 범위에서 기둥구멍이 노출되었다. 즉 기둥구멍은 내외의 변주 구멍 2열과 사천주와 같이 배열된 4개의 내진고주 구멍, 그리고 중앙에 심주 구멍이 나타났고, 이밖에도 외부와 내부에는 잔 구멍들이 질서 없이 분산되어 있다. 이중 벽선을 따라 노출된 외벽기둥의 구멍들은 비교적 작은 규격의 기둥 구멍인 반면 중간 중간 보조 내력기둥과 귀기둥 구멍은 규격이 큰 것으로 보아 큰 부재인 내진고주 심주가 사용됐던 것으로 추정된다. 외벽선의 기둥구멍은 한변에 귀기둥을 포함하여 9개씩 배열되어 8칸을 이루고, 각 기둥 사이의 간격은 약 1m 내외이다. 또한 4개의 내진고주 구멍 간격은 긴 주칸이 2.2m, 짧은 주칸이 1.4m를 이룬다.[122] 이러한 기둥구멍 배열로 보아 이 건물은 중층건물로 추정되는데, 그 용도는 확실치 않으나 왕릉의 임시 빈소로 사용되었을 가능성도 제기되고 있다.[123] (그림 46)

'대벽건물터'는 정상부에서 3동, 남사면에서 4동이 노출되어 조사했다. '대벽건물'이란 글자 그대로 큰 벽을 갖는 건물이란 뜻이다. 일본에서 이미 1971년부터 발견되어 현재까지 42개 유적에서 83기의 예가 확인되었다.[124] 이는 벽을 따라 폭넓은 골을 파서 나무기둥과 토벽을 쌓

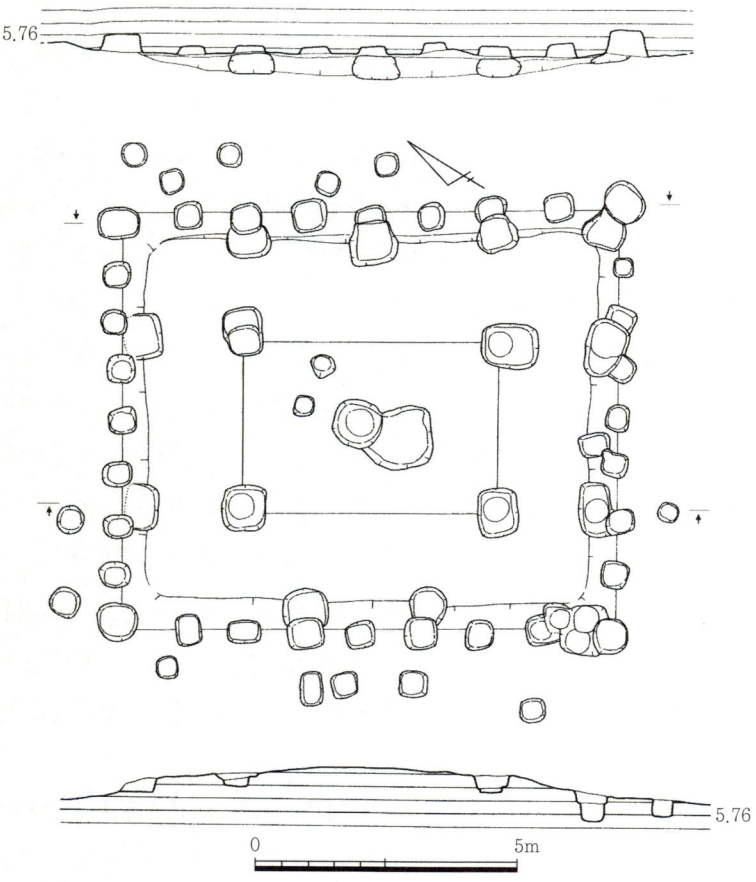

그림 46. 공주 정지산 유적 와건물터

아 붙이는 형식으로 일반 지상건물이나 움집과 다르게 넓은 폭의 토벽이 세워진다는 의미로 일본에서 부른 말이다. 우리나라에서도 공주 공산성의 왕궁터로 알려진 지역과 공주 정지산·안영리 유적·부여 서라성의 유적 등 4개소에서 대벽건물터가 확인된 바 있다. 이처럼 대벽건물터는 일본의 경우 근기(近畿)지방을 중심으로 규수(九州)지방과 중부지방에 이르러 광범위하게 확인되고 있고 우리나라에서는 백제 유적에서 발견되고 있다. 따라서 한반도와 관련된 도래인의 관계가 있다는 설[125]이 제기되고 있으며, 이와 함께 백제의 건축술이 일본에 전래되었음을 짐작케 한다.

여기서는 일단 일본에서 쓰고 있는 '대벽건물'이란 용어를 그대로 사용하되, 그 대표적인 예로 정지산의 1호 대벽건물터를 살펴보려 한다. 이 대벽건물터는 방형평면으로 규모가 긴 벽이 8.2m이고 짧은 벽이 7m이다. 벽골의 폭이 50~60㎝나 되고 골의 깊이도 60㎝ 정도인데, 사방을 돌려 팠고 기둥의 배열도 벽선을 따라 안과 밖 그리고 가운데 열의 3중으로 배열하여 건물을 견고하게 세웠음을 짐작할 수 있다. 이 중 중앙에 나란히 열을 맞추고 있는 작은 기둥구멍은 벽의 셋기둥 자리로 추정되며, 안·밖의 큰 기둥구멍은 하중을 받는 내력기둥으로 추정된다. 이렇게 벽체의 구조가 견고하기 때문에 건물 내부에는 기둥을 세우지 않았다. 이것은 7m나 되는 간살을 대들보로 걸었다는 것을 알려준다.(그림 47·사진 64) 이 건물터는 와건물터에서 동북쪽으로 약 20m 이내에 위치한다. 2호·3호 대벽건물터와 서로 인접해 있으며,

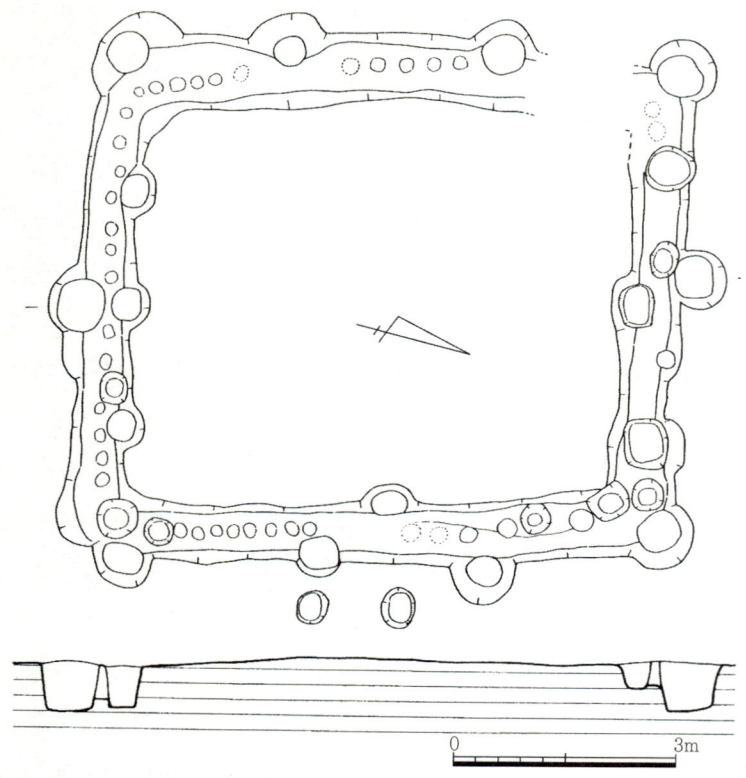

그림 47. 공주 정지산 유적 1호 대벽건물터

서북쪽에서 시작되는 주호와 남쪽의 목책열 안에 있어 외부로부터 보호를 받았던 시설임을 알 수 있다. 그러나 4호·5호·6호·7호의 대벽건물들은 목책선 밖에 있거나 걸쳐 있기 때문에 시기를 달리 하거나 격이 떨어지는 것이 아닌가 한다.

사진 64. 공주 정지산 대벽건물터

　이상 살펴본 것처럼 대벽건물은 먼저 방형 평면의 벽선을 따라 골을
판 후, 내력기둥 구멍을 파서 기둥을 세우고 흙으로 골을 다져 메우면
서 샛기둥을 엮어 세워 그 양측으로 흙벽을 쳐서 다져가며 이룬 뒤에,
내력기둥과 연계되는 도리를 얹고 보를 결구하였을 것이다. 이는 기둥
구멍의 배열 방식에 따라 촘촘히 박혀 있는 1호·4호·6호·7호 대벽
건물터와 배열이 정연치 않거나 거의 없는 2호·3호 대벽건물터로 나
눌 수 있으며, 건물터의 규모나 벽골의 폭과 깊이 기둥구멍의 직경과
깊이가 매우 다양하게 나타났다. 규모를 살펴보면 제일 작은 것은 32
㎡(2호)에서 큰 것은 57㎡(1호)에 이르며, 벽골의 폭은 좁은 것은 20㎝
(5호)에서 넓은 것은 60㎝(1호·2호)로 나타났고, 그 깊이도 10㎝(5호)

에서 60㎝(1호 · 3호)에 이르기까지 다양하다. 또 기둥구멍의 직경도 20㎝에서 80㎝까지, 깊이도 20㎝에서 92㎝까지 다양하다. 외벽은 빗물에도 견고하게 버티도록 짚이나 여물 등을 섞어 쌓거나 갈대나 볏짚으로 보호했을 가능성이 있으며 지붕처마도 넉넉히 낼 수 있었을 것이다. 그런데 이곳에서는 개배 · 등잔 · 옹편 등이 출토되었을 뿐, 기와가 출토되지 않은 점으로 보아 초가지붕을 하였을 가능성이 높다. 이는 7m나 되는 지붕간살에 기와를 얹는다면 하중을 견디기 어려웠을 것이기 때문인 것으로 보인다.

삼국시대 목조 건축의 자료적 고찰

1. 백제 목조건축의 고찰

백제 목조건축은 이미 필자의 『한국의 전통건축』과 『한국목조건축에 나타난 포에 관한 연구』를 통해 이야기한 바 있다. 즉 우리나라의 현존하는 고식의 목조건축은 몇 개 안 남아있는 고려 말기의 건축유구가 고작이다. 그런데 앞서 기술한 바와 같이 어느 양식의 문화이든 그 뿌리는 오래도록 간직된다. 그것은 우리의 전통문화가 과거 이래로 오랜 세월을 두고 뿌리내려 온 것과 같다. 따라서 고려 말의 목조건축 가운데는 뚜렷이 다른 특성을 보이면서 이전 시기의 어느 나라의 영향을 받았느냐에 따라 고려시대의 백제나 신라계승형 건축으로 분류할 수도 있다.

이러한 관점에서 수덕사 대웅전(그림 48 · 사진 65)은 백제계 목조건물의 대표적인 예로, 그 특징을 살펴보면 다음과 같다. 이 건축물은 뚜렷한 배흘림 기둥을 갖고 있으며, 주두와 소로의 굽이 둔각의 곡을 나

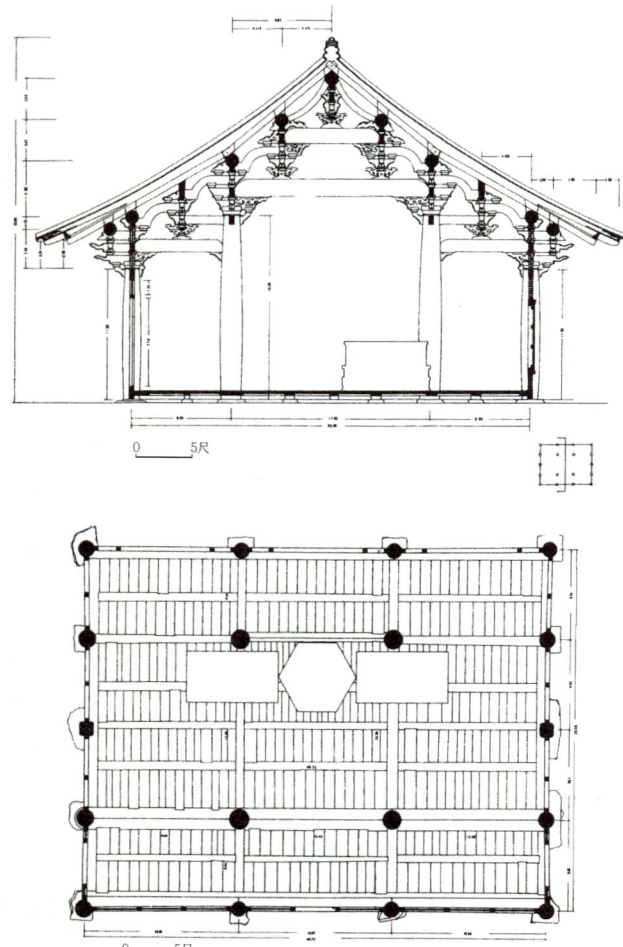

그림 48. 예산 수덕사 대웅전 단면도 및 평면도

사진 65. 예산 수덕사 대웅전

타내며 그 밑에 받침을 두었다. 공포는 헛첨차를 두고 첨차 끝은 약간 경사지게 잘린 초새김형이며, 공포의 짜임은 건물 내부에서 외부로 돌출시키는 살미형 부재가 두드러진 형식이다. 이러한 부재는 과거 하앙식을 변형 발전시킨 것으로도 생각할 수 있다.(그림 49) 또한 도리 밑에는 단장혀가 받치고 있고, 행공첨차는 일두삼소루식(一枓三小累式)의 기본형을 이루고 있다. 이밖에도 종도리 밑에서는 파련포대공으로 받치고, 이와 함께 곡을 이룬 인자(人字)대공을 두었으며, 주심도리부

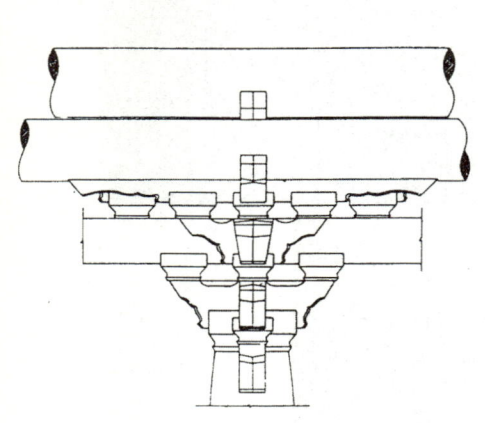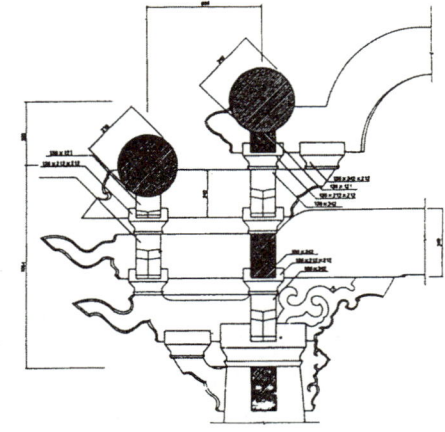

그림 49. 예산 수덕사 대웅전 공포도

터 종보 밑까지 우미량을 걸치고 화려하게 꾸민 투각화반을 둔 점은 고려시대 건축물인 봉정사 극락전이나 부석사 무량수전과 다른 모습이다.

다시 말해 이러한 특징은 곡선을 많이 표현하여 장식을 둔 백제미술의 유연함을 나타낸 것이다. 이것은 고구려나 신라의 강인함이나 견실함과는 다른 인상을 준다. 예를 들어 무령왕릉에서 출토된 금관이식(사진 66)은 사뭇 부드럽고 곡선적이어서 신라의 출(出)자형 금관(사진 67)에서 보여주는 견실성은 없어도 매우 유연하고 화려한 멋을 나타낸다. 이와 맥을 같이 하는 건물로는 지금 북한에 있는 성불사 극락전과 전남 강진 무위사 극락전을 들 수 있겠다. 또한 백제의 목조건축은 중

 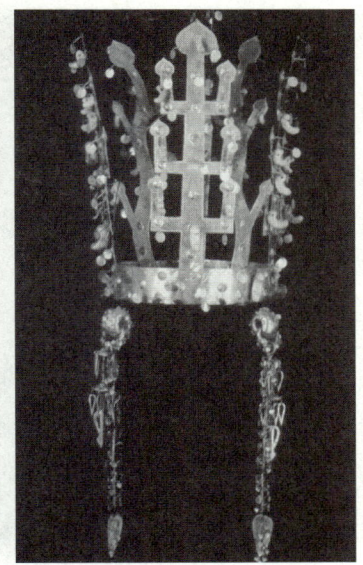

사진 66. 부여 무령왕릉 출토 금관이식　　사진 67. 서봉총 금관식

국의 남조문화의 영향을 받은 것으로 추정되는데, 이는 무령왕릉의 문
양전축분을 보아도 알 수 있다.

　백제 목조건축을 재현하는 것은 한계가 있다. 이처럼 후대의 건물로
써 미루어 어느 정도 추정은 가능하지만 정확한 형식을 밝히기는 어렵
다. 지금 남아있는 자료로는 한 층만이 남아있는 백제 청동소탑이 고작
이고, 일본에 있는 법륭사는 이미 가늘고 많은 부재로 짜여져 있어 어
느 정도 일본화된 목구조 형식이라고 생각된다. 따라서 백제의 목구조
를 재현하는 것은 상당히 어려운 작업이며 여러 번의 연구와 시행착오

끝에 결실을 맺을 수 있을 것으로 기대된다.

2. 목가구의 발전

우리나라의 목가구는 앞서 이야기한 바와 같이 선사시대 움집에서 출발하였다. 초기에는 움을 깊이 파고 벽을 별도로 두지 않고 서까래를 땅에 박아 안쪽으로 기울여 정점에서 묶어 지붕을 형성하는 방식으로 가구를 짰다. 이것은 먼저 3~5개의 서까래를 정점에서 붙잡아 매어 둔 다음, 여기에 서까래들을 걸쳐 쉽게 지붕구조를 이루는 것이다. 필자는 앞의 『우리나라 고대인의 주거생활과 건축』에서 몇 가지 움집 복원안을 제시한 바 있다. 이제껏 우리나라 선사시대 목가구를 추정 복원한 것과 관련하여 많은 논의가 이루어졌으며, 암사동의 선사유적공원은 신석기시대의 움집을 복원하여 전시해 놓은 좋은 예이다.

그렇지만 우리나라의 발전된 목조 건축을 실제로 볼 수 있는 것은 고려시대 즉, 14세기 초의 것이 고작이다. 이는 7~8세기의 목조건축이 아직도 잘 남아 보존되고 있는 일본과 비교해 볼 때 아쉽고 안타까운 일이다. 그러나 이 건물에도 백제의 건축기술이 많이 내포되어 있을 것으로 추정됨에 따라 우리의 건축술을 엿볼 수 있는 좋은 자료가 된다. 또 현재 남아있는 고려시대 목조건축들은 그 양식이나 형식이 고대로부터 계승된 부분이 많으므로 이들 기법을 연구하여 고대의 목구조를 복원하는데 도움을 줄 것이며, 아울러 고구려의 고분벽화를 통해서도 복원 가능한 부분이 많다. 실례로 기둥의 배흘림이나 주두·첨차 등의 형식은 삼국시대의 공포를 사실적으로 잘 나타내어 복원을 이끄는데 좋은 자료가 되며, 기타 벽화에 나타나는 아름다운 무늬는 삼국시대 단청무늬를 복원하는 자료로 활용되기도 한다. 이러한 자료들로 미루어 짐작컨대 우리나라의 목조건축이 치밀한 결구와 공포로 조립되기 시작한 것은 5~6세기 이전이었을 것이라 생각되며, 벽화에 나타나는 2단의 첨차를 사용하여 출목을 갖는 발달된 공포를 통해 보면 공포의 사용은 이보다 훨씬 앞설 것으로 믿어진다.

초기의 목조건축은 가구나 공포가 간결하고 단조롭게 꾸며졌을 것으로 믿어지지만, 위의 기술과 같이 2단의 첨차와 곡을 둔 주두 그리고 인자대공 등 상당한 수준의 목구조가 고구려 때부터 이미 사용되어 삼국시대에도 현재 남아있는 고려시대의 목조건축과 크게 다르지 않았을 것으로 생각된다. 이렇게 오랜 기간 전통을 지키는 특징은 중국이나 일본을 포함하여 중국계의 동북아시아 목조건축의 특징이기도 하다. 즉 기둥과 보 그리고 도리와 공포·서까래와 지붕기와·벽과 문·바닥 등 어느 부분을 보아도 혁신적인 변화 발전이 어느 시기에 있었다는 근거는 찾기 어렵고, 다만 장식적인 부분이나 가공 부분과 시공이 어려운 하앙과 같은 구조들에 한하여 변화가 있었을 것으로 믿어진다. 그러므로 우리는 근세의 전통 목조건축에서 고대의 목조기법을 엿볼 수 있는 희망을 갖는다.

필자는 우리나라 근세목조건축(고려~조선 초)을 백제 계승형 주심포

사진 68. 금동불감(전성우 소장)

사진 69. 안동 봉정사 극락전

사진 70. 영주 부석사 무량수전

양식과 신라 계승형 주심포 양식으로 구분하여 논한 바 있다.[126] 여기서
는 그 논리를 다시 구체적으로 재론하지 않겠지만, 현재 남아있는 고려
시대와 조선초기의 목조건축 중에 주심포계 건물로 예산 수덕사 대웅
전이나 강진 무위사 극락전 등은 백제 계승형으로, 안동 봉정사 극락전
이나 영주 부석사 무량수전 및 조사당은 신라 계승형으로 논하였다. 여
기서 전자는 공포 짜임이 화려하고, 우미량이나 투각화반 등 유연한 곡

사진 71. 백제 청동소탑편(국립부여박물관 소장)

선 조각이 두드러진 특징을 보여주며, 평주 위의 공포도 살미 방향의 출공을 두드러지게 나타내고 있어 하앙(下昂)의 퇴화를 암시한다. 전성우 소장 금동불감은 신라의 건축을 잘 표현하는 것으로 현존하는 봉정사 극락전이나 부석사 무량수전 공포와 비교해 보면 잘 알 수 있다.(사진 68 · 69 · 70)

하앙이란 중도리나 내진고주 위에서 평주 위를 지나 처마도리를 받쳐주는 힘받이 긴 부재로, 지렛대 원리를 이용하여 처마끝까지 내밀어 처마지붕을 받쳐주는 기능을 한다. 이는 처마의 내밀기를 크게 할 수 있어 중국이나 일본 등 비가 많이 오는 지역에서 특히 발전된 구조형식이다. 우리나라에서는 삼국시대에 중국의 영향을 받아 사용하였지만 그 구조의 짜임이 복잡하고 어려워 『영조법식』에 기술된 중국의 하앙과는 좀 다른 기법의 조립으로 발전된 것이라고 생각된다. 백제 기술의 영향받았다는 일본의 법륭사 금당이나 5층탑 등은 상당히 견실한 하앙재를 사용하여 고대 일본의 특징적인 하앙구조를 형성했다. 이 구조는 중국의 전형적인 하앙과는 다른 기법을 보이고 있어 중국에서 전수된 것이 아니고 오히려 백제에서 전수받은 기법으로 믿어진다. 이는 현재 남아

있는 유일한 하앙구조 건물인 완주 화암사 극락전을 통해 추정할 수 있으며 금산사 일부 건물에서도 조선시대의 하앙구조의 흔적을 찾을 수 있고, 국립부여박물관에 소장되어 있는 백제 청동소탑을 통해 볼 때 백제에서 계승된 하앙구조와 그 맥이 통하는 것으로 보인다.(사진 71)

이밖에도 법륭사 금당의 운형첨차의 조각선이 백제의 와운문(구름이 회전하는 듯한 무늬)과 같음을 입증한 사실을 상기할 필요가 있다. 따라서 백제의 목조건축은 일본의 나라시대 목조건축에서 찾아볼 수 있고 또 앞에서 거론한 주심포 건물을 비롯하여 백제 고지에 남아있는 후대의 건축형식을 통해 복원되어야 할 것이다.

3. 기단과 초석 · 기와

삼국시대의 건물 기초부의 기축과 기단 그리고 초석에 대하여 간단히 기술하면 다음과 같다. 기단은 흙기단과 난석[자연석]기단 · 돌기단 · 가구식 짜임돌기단 · 와적기단 등이 있다.

흙기단은 집을 세운 뒤, 집터를 흙으로 돋우어 잘다진 것으로, 고대로부터 조선시대까지 흔히 사용되어 온 것으로 추정된다. 난석기단은 자연에서 얻은 돌을 쌓아 기단으로 사용한 것으로, 역시 고대부터 근래까지 사용되었음을 알 수 있는데 부여 능사의 전 강당터나 부속건물과 회랑의 기단이 이런 방식으로 되어 있었다. 가공석을 사용한 돌기단은 첨성대의 석기단이나 북한의 동명왕릉의 방형기단과 같이 비교적 육중한

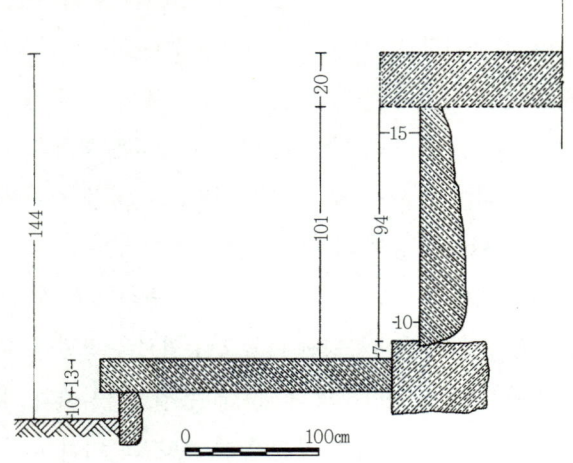

그림 50. 익산 미륵사터 중금당터 기단 복원도

장대석을 옆으로 맞추어 쌓은 것으로 건물에도 같은 양상으로 나타났을 것으로 믿어진다.

가구식의 짜임돌 기단은 위의 돌기단의 기법보다는 좀 늦게 삼국시대부터 권위건축에 사용된 것으로 판단되는데, 정확히 언제부터 사용되었는지는 알 수 없다. 다만 삼국시대의 가구식 돌기단을 볼 수 있는 유구로 미륵사터의 석탑을 비롯하여 강당터와 금당터 · 회랑터 등이 있다. 이중 금당기단은 지대석을 단면으로 보아 'ㄴ'자형으로 외측으로 턱을 두어 면석이 밖으로 밀려나지 않게 가공하였고, 그 위에 춤 높은 면석을 놓고 그 위에 평방처럼 생긴 갑석을 올려놓은 것이다. 그리고 이 기단 밖에는 지대석에 맞대어 평판석을 깔고 그 판석 밑에는 괴임 장대석을 놓아 하층기단을 이루어 2중기단을 짰다.(그림 50 · 사진 28) 그러나 강당터의 기단은 하층기단 없이 단층으로 짠 가구식 기단으로 지대석 · 면석 · 갑석으로 구성되었다. 이러한 형식은 백제의 특징적인 기단을 나타내는데, 익산 왕궁리 절터의 기단도 같았을 것이라는 것을 그곳 금당터의 계단돌을 통해 가히 짐작할 수 있다.

그러나 신라의 가구식 기단은 위와는 좀다른 방식으로 짰다. 지대석은 턱을 두지 않고 외장적인 몰딩만 하였으며 면석은 평편한 지대 위에 세우도록 했음을 황룡사 목탑터의 지대석과 통일신라시대의 기단을 통해 추정할 수 있다. 또한 신라의 기단에서는 면석과 면석 사이에 탱주를 세웠지만 백제 기단은 신라의 것과는 달리 귀기둥 이외에 탱주를 두지 않았다.(그림 51) 탱주는 통일신라의 불국사 대웅전 기단이나 감은사터 금당에서 살펴볼 수 있다. 이러한 기법의 차이는 계단에서도 마찬가지로 나타나 서로 다른 방식을 사용하였음을 알 수 있다. 미륵사와 황룡사의 계단 소맷돌을 보면, 황룡사 목탑터의 것은 소맷돌 밑의 지대석 위에 놓이도록 계단 앞으로 길게 뻗어 있는 반면 미륵사 금당터의 것은 제 일단 계단돌 위에 놓여있다.

다음 초석에 있어서도 고구려의 초석은 8각 주좌와 연화장식을 한 초석 또는 원형주좌를 변두리에 빗마감 처리한 백제식의 초석 등을 사용하였다. 백제에서는 고구려식의 간결한 주좌를 둔 원형초석 또는 방형초석이나 원형주좌를 둔 방형초석 등이 있다. 그러나 백제형의 초석들

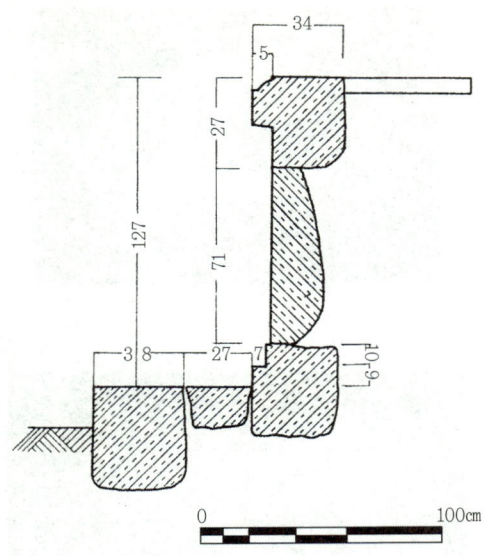

그림 51. 감은사터 금당터 기단 복원도

은 미륵사터에서 볼 수 있듯이 초석의 밑이 둥글거나 팽이처럼 되어 있
어 초석을 놓을 때 적심을 쐐기형으로 초석 주위에 박아 놓는다. 이것
은 신라의 초석이 밑이 실하고 평편하여 적심을 땅속 깊이 조성하는 것
과 차이를 보여준다.(사진 72 · 73 · 74)

　끝으로 목조건축에 사용되는 기와에 대하여 기술하려 한다. 원래 기
와는 중국에서 전래된 것으로 보이는데, 중국 전국시대 즉, 기원전
5~3세기에 반원형의 수막새기와가 사용되었던 것으로 고증되고 있다.
그러나 우리나라의 경우 최초로 기와를 사용하게 된 것은 고구려 막새

사진 72. 중국 집안 동대자 유적 팔각초석

사진 73. 익산 미륵사터 초석

사진 74. 경주 황룡사터 초석

사진 75. 풍납토성 나-7호 움집터 출토 막새

　기와로 미루어 4~5세기 이전에 중국 한의 영향을 받아 전파된 것으로 추정되고 있지만, 최근 풍납토성이나 몽촌토성에서 출토되는 고식의 백제 막새기와(사진 75)는 시기가 그리 떨어지지 않은 것으로 믿어지기 때문에 적어도 2~3세기에는 기와를 사용하였던 것으로 추정된다.

　고구려의 기와는 태왕릉이나 장군총·천추총 또 국내성이나 완도산성 등지에서 출토되고 있는데 이중 수막새기와의 문양은 한대의 영향을 받은 강직한 도형적인 문양과 연화문·괴면문 등이 있다. 연화문의 꽃잎과 자방은 두둑이 튀어나와 소위 만두형을 이루고 도식적이다. 주연은 비교적 투박하게 돌출된 것이며 주연과 연판사이에는 단선 또는 쌍선을 돌리어 구획하였다. 기와는 태토와 소성에 따라서 붉은색을 내는 것이 특징이다. 최근 발굴 조사된 안학궁이나 정릉사터 등지에서 출토된 막새 중에는 통일신라시대 수막새에 볼 수 있는 주연에 돌기를 둔 연자를 두고 있어 주목을 끈다. 또한 암막새기와가 안학궁이나 청암리

절터에서 출토된 것도 간과할 수 없는 것이다.(그림 52·53)

현재 백제에는 암막새기와가 사용되지 않았다는 것이 대체적인 전문가들의 견해인데, 고구려에서 암막새가 사용되었다면 백제에서도 사용되었을 것이기 때문이다. 백제의 가장 오래된 막새기와는 풍납토성과 몽촌토성·삼성동·석촌동 등지에서 출토된 한성시대의 수막새들이다. 이들은 아직 도형적으로 격식을 갖추었다고 보기 어려운 무늬의 막새로서 주연을 깊게 하고 십자형 방곽에 원형을 시문한 것, 양측에 꽃술을 뻗게 한 방사형문, 연꽃을 선각으로 거칠게 표현한 것 등 전형적인 연화문 막새와는 다른 무늬이다.

웅진시대의 기와는 백제적인 특징이 뚜렷해지고 문양과 제작기법에서 발달된 변화를 보이는데, 이는 중국 남조의 선진적 제작기술을 받아들인 것으로 추정된다.[127] 이 시대에 나타나는 수막새의 특징은 연꽃잎의 끝이 둥글고 가볍게 반전된 형태를 하고 있는 것인데, 공주지역을 중심으로 경주 월성 해자에서도 출토되어 신라가 백제의 영향을 받은 것임을 알 수 있다.

사비시대에 들어와서는 연잎의 모양이 넓어지며 끝이 하트형으로 잎이 갈라지는 듯한 형식과 주연부가 약간 낮아지며 경우에 따라 꽃잎이 불룩하게 돌출된 고구려형의 막새도 있고, 또 4파형의 무늬나 민무늬도 있다. 백제의 와당은 막새기와와는 별도로 서까래 장식기와가 흔히 출토되어 서까래를 중시한 것을 알 수 있다.

신라의 기와는 『삼국사기』에 기록으로 '비와(飛瓦)'나 '옥와(屋瓦)'

도면 52. 평양 안학궁터 출토 와당

도면 53. 평양 정릉사터 출토 와당

등의 기록을 근거로 2~3세기부터 사용된 것으로 추정한다. 수막새는 초기에는 백제적인 무늬가 많고, 6세기 초·중반을 전후하여 고구려와 백제의 영향을 받았으며, 후반에 들어서 신라의 독자적인 특징을 나타 낸다. 즉 막새무늬는 초기에는 투박하고 정리되지 않은 모습이었으나 통일 전 7세기 초부터 정돈된 아름다움을 나타내기 시작했고, 통일 후 에 비로소 화려한 무늬를 구사하는 전성기를 이루었다. 이 때 특이한 것은 주연에 연주를 돌리고 연꽃도 중첩하여 시문되고, 가릉빈가 등의 서조들과 보상화·괴면 등 여러 종류의 무늬가 시문되었다. 안압지 출 토의 화려한 와당들은 신라의 예술적 발달사를 보여준다. 즉 부연의 마 구리 기와·바래기·괴면·치미편 등 부속기와도 많이 출토되었다.

각주

1. 부소산성, 미사리, 화양리 집터 등에서 백제의 구들이 발견되었지만 신라의 건축 유구로서는 경주 동천동의 부뚜막유구 이외에 뚜렷한 구들이 나타나지 않았다. 오히려 안압지에서 출토된 화덕은 신라의 기록과 비교된다.
2. 한영우, 『다시 찾는 우리역사』, 경세원, 1997.
3. 온조가 처음 도읍한 위례성은 서울의 혜화문 밖이라는 설(정약용), 세검정설(이병도) 그리고 면목동의 아차산성 부근설 등이 있으나, 아직 확인되지 않고 있다. 하남위례성은 지금의 서울 송파구의 몽촌 토성이나 풍납동 토성 등이 거론되고 있는데 근래 풍납동 토성이 부분적으로 발굴조사 되고 있어, 해자 구조를 포함한 그 축조기법이나 치밀성, 규모 등을 미루어보아 이곳일 가능성도 적지 않다고 생각된다. 조선시대에는 천안부근의 직산을 위례성으로 믿어왔다.
4. 윤장섭, 『한국의 건축』, 서울대학교출판부, 1996, p.112.
5. 서울대학교박물관 서울특별시, 『夢村土城 동남지구발굴조사보고』,

1988.

6. 장경호, 『韓國의 傳統建築』, 문예출판사, 1992, p.80.

7. 장경호, 위의 책, 1996, p.82.

8. 공주대학교박물관 충청남도, 『公山城建物址』, 1992.

9. 부여군, 『扶餘郡誌』 제2장 城址, 1987, p.714.

10. 국립부여문화재연구소, 『부소산성 발굴조사 중간보고』, 1994.
    국립부여문화재연구소, 『부소산성 발굴조사 중간보고 Ⅱ』, 1997.
    국립부여문화재연구소, 『부소산성 발굴조사 중간보고 Ⅲ』, 1999.

11. 이강근, 『한국의 궁궐』, 대원사, 1991.

12. 장경호, 앞의 책, 문예출판사, 1992.

13. 『大東地志』, 公州 城池條.

14. 『輿地圖書』, 忠淸道 公州牧 城池條.

15. 安承周, 『公山城』, 공주사범대학교 백제문화연구소, 1982.

16. 安承周, 「公山城 推定王宮址에 대한 小考」, 『三佛 金元龍敎授 停年
    退任紀念 論叢』, 1987.

17. 安承周, 위의 논문, 『三佛 金元龍敎授 停年退任紀念 論叢』 1987.

18. 安承周, 앞의 논문.

19. 공주대학교 박물관, 『公山城推定百濟王宮址 發掘調査報告』, 1987.

20. 충남대학교 박물관, 『扶餘官北里百濟遺蹟發掘報告(Ⅰ)』, 1985.

21. 충남대학교 박물관, 『扶餘官北里百濟遺蹟發掘報告(Ⅱ)』, 1999.

22. 국립부여문화재연구소, 『연보』, 2002.

23. 張慶浩, 『百濟寺刹建築』, 예경산업사, 1991, pp.341~344.

24. 국립부여문화재연구소, 앞의 책, 2002, p.91.

25. 金東賢, 「百濟園池硏究」, 『百濟歷史再現團地造成 調査硏究報告書』, 古建築分野, 1996.

26. 申光燮 金正完 金成明 金圭相, 「扶餘 宮南池 第2·3次 發掘調査槪報」, 『考古學誌』 第5輯, 한국고미술연구소, 1993.

27. 국립부여문화재연구소, 『花枝山遺蹟發掘調査報告書』, 2002.

28. 『三國遺事』 卷 第1 紀異 第2 馬韓.

29. 宋祥圭, 「王宮坪 城에 對한 硏究」, 『백제연구』 제7집, 충남대학교 백제연구소, 1976.

30. 都守熙, 「金馬渚에 대하여」, 『백제연구』 제5집, 충남대학교 백제연구소, 1974.

31. 黃壽永, 「益山 王宮里 五層石塔內 發見遺物」, 『考古美術』 제7권 제1호.

32. 金三龍, 「益山文化圈의 硏究」, 원광대학교 마한백제문화연구소, 1977.

33. 鄭明鎬, 「益山王宮里 城址 發掘調査 略報告」, 『馬韓百濟文化』 제2집, 원광대학교 마한백제문화연구소, 1977.

34. 국립부여문화재연구소, 『王宮里遺蹟發掘中間報告』, 1992.
    국립부여문화재연구소, 『王宮里』, 1997.
    국립부여문화재연구소, 『王宮里』, 2001.

국립부여문화재연구소, 『益山 王宮里 발굴중간보고 Ⅳ』, 2002.

35. 장경호, 앞의 책, 문예출판사, 1992.

36. 김부식, 『三國史記』 卷第二十四, 백제본기 제2 침류왕조.

37. 이에 대하여 538년 불교전래설이 있어 약간의 이견이 있다.

38. 震檀學會, 『韓國史 -古代史篇-』, 1981, p.578.

39. 장경호, 앞의 책, 예경산업사, 1991, p.103.

40. 『三國遺事』 卷第三 塔像第四 彌勒仙花 未尸郞 眞慈師條.

41. 『三國遺事』 卷第三 興法第三 原宗興法條.

42. 輕部慈恩, 『百濟美術』, 寶雲舍, 1946.

43. 朴容塡, 「公州時代의 文化에 관한 研究」, 『百濟文化』 제2집, 공주
사범대학 백제문화연구소. 그러나 이것은 통일신라시대의 것이라
고 주장하는 설이 우세하다.

44. 安承周, 「百濟寺址의 研究」, 『百濟文化』 제16집, 공주사범대학교,
1985.

45. 李南奭 徐程錫, 『大通寺址』, 공주대학교 박물관, 2001.
李南奭, 『웅진시대의 백제고고학』, 서경문화사, 2002,
pp.132~155.

46. 輕部慈恩, 『百濟遺蹟의 研究』, 吉川弘文館, 1971.

47. 안승주, 앞의 논문, 『百濟文化』 제16집, 공주사범대학교, 1985.

48. 金永培, 「수원사 탑지 조사」, 『백제문화』 11, 1978.

49. 공주사범대학교 박물관, 「수원사지 시굴조사 중간보고서」, 1989.

12.

50. 四天王寺는 창건가람을 지적한 것이고 山田寺는 1탑식 가람이지만 강당터가 북회랑터 밖에 놓였다.

51. 忠北文化財研究院, 『扶餘 佳塔里. 旺浦里. 軍守里 遺蹟』, 大田地方 國土管理廳, 2003.

52. 장경호, 앞의 책, 예경산업사, 1991.

53. 朝鮮古蹟調査研究會, 「扶餘に於ける百濟寺址の調査(槪報)」, 『古蹟調査報告』第六回, 昭和 13年(1938).

54. 충남대학교 박물관, 「동남리사지 발굴조사 지도위원 회의자료」, 1993. 5. 2.

55. 국립중앙박물관, 『금강사』(국립중앙박물관 발굴조사보고서 제7책), 1969.

56. 충남대학교 박물관, 『定林寺』, 충청남도청, 1981.

57. 국립문화재연구소, 『皇龍寺遺蹟發掘調査報告書』, 1984.

58. 曺永祿, 「扶餘臨江寺址發掘記」, 『東國史學』 제8집, 동국대학교 1965.
    申榮勳, 「扶餘臨江寺址發掘參加記」, 『考古美術』 5권 11호, 1964.

59. 국립부여문화재연구소, 『龍井里寺址』(학술연구총서 5집), 1993.

60. 洪思俊, 「虎巖寺와 王興寺址考」, 『百濟研究』 제5집, 충남대학교 백제연구소, 1974.

61. 국립부여문화재연구소, 『王興寺 發掘中間報告』, 2002.

국립부여문화재연구소, 『연보』, 2002.

62. 黃壽永, 「崇岩山聖住寺事蹟」, 『고고미술』 제98호, 1968.

63. 洪思俊, 「百濟의 漆岳寺와 烏含寺小考」, 『백제문화』 제3집, 1969.

64. 동국대학교 박물관, 「聖住寺址發掘調査特輯」, 『불교미술』 2, 1974.

65. 충남대학교 박물관, 『聖住寺』(박물관총서 제17집), 1998.

66. 충남대학교 박물관, 「성주사지 제5차 발굴조사 지도위원 회의자료」, 1994. 11.

67. 충남대학교 박물관, 「성주사지 발굴조사 지도위원 회의자료」, 1991. 11. 23.

68. 장경호, 앞의 책, 예경산업사, 1991.

69. 李丙燾, 「百濟 彌勒寺의 創建년대에 대하여」, 『마한백제문화』, 1975.

70. 국립문화재연구소, 『彌勒寺址發掘報告書』, 1989.

71. 장경호, 「백제사찰건축에 관한 연구」, 홍익대학교 대학원 박사학위 논문, 1988.

문화재관리국, 『미륵사지 동탑 복원 설계보고서』, 1990.

72. 장경호, 앞의 책, 예경산업사, 1991.

73. 장경호, 앞의 책, 예경산업사, 1991.

74. 이는 오래된 유구이므로 실측하는 과정에서도 오차가 있을 수 있고 유구의 변위도 있을 수 있다. 따라서 전체가람의 평면계획의 치

288　아름다운 백제 건축

수는 경우에 따라서 1~2고려척이 차이날 수 있다.

75. 장경호, 앞의 책, 예경산업사, 1991.

76. 柳在泳, 「益山 枳慕蜜地名考」, 『圓光大學校 馬韓百濟文化研究所 주최 제3회 학술회의』, 1977.

77. 황수영, 「百濟 宰釋寺의 研究」, 『백제연구』 제4집, 충남대학교 백제연구소, 1976.

78. 宋祥圭, 「王宮平城에 對한 研究」, 『백제연구』 제7집, 충남대학교, 백제연구소, 1976.

79. 洪潤植, 「百濟의 帝釋信仰攷-益山帝釋寺址에 대한 信仰的一考」, 『馬韓百濟文化』 제2집, 원광대학교 마한백제문화연구소, 1977.

80. 원광대학교 마한백제문화연구소, 「익산 제석사지시굴조사 지도위원회자료」, 1993.

81. 方起東, 「集安 東臺子 高句麗 建築遺蹟의 性格 및 年代」, 『동북고고학역사』, 1982.

82. 국립부여박물관, 「부여 능산리 건물지 발굴조사 지도위원회자료」, 1994·1995.

83. 建築學大系編輯委員會, 『建築學大系 4-1 日本建築史』, 彰國社, 1978.

84. 建築學大系編輯委員會, 彰國社, 1978.

85. 坪井清足, 『飛鳥寺』, 中央公論 美術出版, 1980.

86. 장경호, 앞의 책, 예경산업사, 1991.

87. 田村圓澄, 『古代朝鮮佛教の日本佛教』, p.52

88. 文化財保護委員會, 『四天王寺 埋藏文化財發掘調査報告』 第六, 1967.

89. 大岡實, 『日本の建築』, 中央公論美術出版, 1979.

90. 關野貞, 「法隆寺 金堂 塔婆及び 中門非再建論」, 『史學雜誌』 第16編 2號.

91. 藪田嘉一郎, 「法隆寺塔 舍利容器に 就いでの 若干の 考察」, 『史蹟の美術』 201號, 1950.

92. 奈良六大寺大觀刊行編, 『奈良六大寺大觀』 第一卷, 岩波書店.

93. 田村圓澄, 『古代朝鮮佛教と日本佛教』.

94. 문화재관리국 국립문화재연구소, 『皇龍寺遺蹟發掘調査報告』, 1984.

95. 장경호, 앞의 책, 문예출판사, 1992.

96. 建築工程部建築科學研究院理論 及 歷史研究室中國建築史編輯委員會, 『中國建築簡史』 第 一册.

97. 장경호, 「百濟塔婆建築에 관한 研究」, 『百濟論叢』 제3집, 百濟文化開發研究院, 1992.

98. 이병도 역주 및 교감 CD-ROM 삼국사기. 삼국유사, 주식회사 누리미디어, 1999.

99. 『日本書紀』 舒明十一年 十二月是月條, 「於百濟川側建九重塔」.

100. 장경호, 앞의 논문, 『百濟論叢』 제3집, 百濟文化開發研究院,

1992, p.144.

101. 『大安寺伽藍緣起幷流記資財帳』.

102. 장경호, 앞의 책, 예경산업사, 1991.

103. 정영호, 『한국의 석조미술』, 서울대학교 출판부, 2000, p.44.

104. 정영호, 앞의 책, 서울대학교 출판부, 2000.

105. 「元興寺緣起」.

106. 『日本書紀』 卷第十九 欽明天王六年條.

107. 「元興寺緣起」.

108. 1층 양협칸 면석 중앙과 2·3·4층의 주칸 사이에 원래의 덧대어
    세운 셋 기둥들이 이것이다. 이 셋 기둥 중에 2층돌에는 '대정 4
    년(1915년)'이란 글자가 남아있어 이때에 일본사람들에 의하여
    보수되었음을 알려준다.

109. 장경호, 「백제사찰건축에 관한 연구」, 홍익대학교 대학원 박사학
    위 논문, 1988.
    문화재관리국, 『미륵사지 동탑 복원 설계보고서』, 1990.

110. 충남대학교박물관, 『定林寺 發掘調査報告書』, 1981.

111. 국립문화재연구소, 『風納土城 I』, 2001.

112. 조대연, 「서울 풍납토성 발굴조사 성과」, 『제43회 전국역사학대
    회, 고고학부 발표 자료집』, 한국고고학회, 2000.

113. 서울대학교박물관, 『夢村土城, 서남지구발굴조사보고』, 1989.

114. 서울대학교박물관, 앞의 책, 1989.

115. 송만영, 「포천 자작리유적 발굴조사 개요」, 『제44회 전국역사학 대회 고고학부 발표 자료집』, 한국고고학회, 2001.

116. 성균관대학교 발굴조사단, 한양대학교 발굴조사단 편, 『渼沙里』 제2권, 1994.

117. 기전문화재연구원, 「화성 발안리 유적 발굴조사 지도위원회 자료」, 2002.

118. 장경호, 앞의 책, 문예출판사, 1992, pp.51~52.

119. 장경호, 「우리나라 古代人의 住居生活과 建築 −목가구와 구들 등 건축시설을 중심으로−」, 『강좌 한국고대사』 제6권, (재)가락국사 적개발연구원, 2002. 12.

120. 국립공주박물관, 『艇止山』, 1999.

121. 국립공주박물관, 앞의 책, 1999, p.28. 단, 도면의 스케일은 9.5m와 8m로 되어 있어 착오가 있다.

122. 실제 앞 도면의 스케일 상 4.8m와 3.2m여서 착오가 있다.

123. 국립공주박물관, 앞의 책, 1999, pp.221~222.

124. 靑柳泰介, 「大壁建物考 −韓日關係의 具體像 構築을 위한 試論−」, 『百濟硏究』 제35집, 충남대학교 백제연구소, 2002.

125. 靑柳泰介, 앞의 논문, 제35집, 충남대학교 백제연구소, 2002.

126. 장경호, 「우리나라 목조건축에 나타난 포에 관한 연구」, 홍익대학교 대학원 석사학위 논문, 1988.
   장경호, 앞의 책, 문예출판사, 1992, pp.221~250.

127. 국립중앙박물관, 『유창종 기증 기와 전돌(도록)』, 2002, p.25.